獻給　世全（1951-2022）

新自然主義

純情的台灣人
─台美人

The Story of
Taiwanese Americans

人在美利堅、心在美麗島

盧世祥 著

目錄

推薦序 台美人飄洋過海的輝煌成就　王明玉　8
　　　　台美人無懼威權的勇氣與歷史意義　徐佳青　10
　　　　織網台美間：我在台美人社群的
　　　　知遇與迴響　楊斯棓　12
　　　　永遠純情的台美人　葉國興　15

共同推薦 豐富史料與細膩筆觸，刻畫台美人無私奉獻
　　　　莊勝榮・楊其文・溫紳・趙怡翔　18

作者序 人在美利堅，心在美麗島　22

第 1 章　對家鄉台灣永遠純情　31

第 2 章　愛台灣的代價（一）──黨國的監控與恐嚇　45

第 3 章　愛台灣的代價（二）──「黑名單」　63

第 4 章　遊說國會　79

第 5 章　團結為台灣　97

第 6 章　故鄉音，遊子心　113

第 7 章　各方成就　129
　　　　台灣的特派員──王景弘　134
　　　　台美人的「華特‧克朗凱」──蕭廣志　139
　　　　台灣的拉赫曼尼諾夫──蕭泰然　142
　　　　台美人的孟嘗君──廖國仲　145

第 8 章　返鄉報效　151
　　　　蔡同榮──講台語蓋高尚的「蔡公投」　154
　　　　鄭紹良──海外台灣人運動的聖人　158
　　　　吳樹民──醫師、報人、社會文化巨擘　162
　　　　林逸民──放眼天下的名醫健筆　165
　　　　楊黃美幸──從家庭主婦到無任所大使　169

第 9 章　傳承台灣文化　175

第 10 章　外國義人　195

推薦序

台美人飄洋過海的輝煌成就

　　接到世祥兄為新書推薦的邀稿電話，一時衝動答應了下來，旋即接到三封本書的 E-mail 稿件，拜讀之後覺得責任重大！

　　我自己當了 20 多年的台美人，對於書中的人物很多人都認得，所描述的事蹟也頗熟悉，世祥兄將他們栩栩如生、有系統地整理來，令人讀來歷歷在目，實為這世代的台美人留下了歷史的印記！

　　這其中我與蔡同榮共事最久，對他的稱呼由蔡先生、教授、會長、立委、董事長以至創辦人，他早期推動台獨，後來設立 FAPA（台灣人公共事務會）勤跑美國國會推動各種有利台灣的法案，改以「公民投票」為其運動之主軸推動外交，被稱為「蔡公投」實當之無愧。1993 年他就任立委之前即召集朝野各界共同爭取第四家無線電視台，1995 年 6 月 16 日新聞局 11 位評審委員投票結果 6:4:1 民視以超過半數的票數取得經營權時，蔡同榮感慨地說：「歡喜五分鐘，煩惱一世人」。終其一生，我覺得他對台灣最大的貢獻是集其募款經驗，以運動的方式創設了「來自民間 屬於全民」為台灣、為弱勢發聲、第一家沒有政黨、沒有大財團經營的商業電視台「民視」，我一直認定它是公民投票運動的副產品！

　　本書中還有一位較不為人知默默在為台灣、為民視貢獻的小李、小李大哥、立委辦公室主任、電視台董事長特助、經理、主秘，我

稱呼他為百科全書的「陳正修」。雖然我與他在公投會（公民投票促進會）及民視共事多年，看了本書才知道，原來「小李」的綽號來自「陳正修」隱姓埋名的「李永光」，詳見本書第六章對《台灣公論報》編輯人「李永光」詳實的記載。

當蔡同榮當選立委之後，他想辦《國會雙週刊》雜誌，仿美國國會的文獻記錄各法案產生的由來，推動的情形。他心中認定本雜誌要辦得起來非「小李」莫屬，他說小李的戶口貼在電線桿上，他雖然很認真的找但找不到，最後他將找人的責任交給了我，我只知道「小李」在美國《台灣公論報》工作，其他一概不知。由於《公論報》是台獨聯盟辦的，我便由台獨聯盟的成員找起，沒人知道他在哪裡，最後找到有一個人，他說很久以前小李的爸爸來美國探望他，當時小李很忙沒辦法帶父親四處走走，找他幫忙，他記得小李的爸爸給過他一張名片，但不知放在哪裏，後來終於找到了。我依著上面台灣的電話，終於被我聯絡上了；小李也因蔡同榮的「纏功」受邀回台了，我們一直共事到他以身體的理由退休。小李為人正直不阿，充滿學問，言詞不多，一旦發言則言之有物，滔滔不絕。他非常靦腆，站著與女生說話時會節節向後退；至於他有沒女朋友或太太，我們不得而知！

我極力推薦世祥兄的這本書，它描述紀錄這群純情的台灣人飄洋過海，也讓我們了解這群遊子雖然人在國外，心繫台灣，為故鄉不求回報所付出的努力！

民視董事長

推薦序
台美人無懼威權的勇氣與歷史意義

　　出身古都台南的資深媒體工作者盧世祥，彙集當年赴美求學、工作 10 年期間及返台至今，所曾經歷、熟悉、感佩，為家鄉犧牲奉獻而不求回報的台灣同鄉及種種關懷與感人事蹟，世祥兄嘗試以本書之出版，期盼拋磚引玉，愉揚廣拓更多純情台美人動人事蹟的闡發，其執著於台灣歷史人文追求的熱情與用心，令我印象深刻與讚佩！

　　閱讀本書，作者以「純情」描繪形容台美人，不僅在彰顯二戰後台灣於歷經戒嚴、民主化的進程中，當時遠隔重洋的台灣人，願意付諸行動、犧牲奉獻，不求回報的動人故事，更見證體悟他們真誠關愛台灣安危與處境的無畏襟懷與勇氣，不自覺地也讓我熱血翻騰、油然悸動。

　　回顧台灣邁向民主的歷程，「美麗島事件」是開啟沛然莫之能禦的民主化浪潮最具關鍵的里程碑，隨著台美人各類社團陸續成立，海外台灣人逐步開展與當地國主流重要人士、國會議員的接觸與遊說，台美人關懷、支援家鄉重大民主運動的堅卓及熱切表現，積累拓展、廣受矚目，舉凡林宅血案、陳文成事件、江南事件……，匯聚台美人齊心奉獻，終讓威權走入歷史並促成台灣民主化的到來，昔受黨國監控、恐嚇及黑名單一體多面控制手段下的許多台美人，也紛紛以具體行動加入心心念念、摯愛台灣的返鄉報效行

列，一波一波、蔚為風潮，令人由衷感佩與驕傲。

　　本書的出版，世祥兄以資深媒體工作者長年積累的深厚底蘊與細膩筆觸，秉持客觀、專業的態度，字字珠璣的記述表彰在美國及台灣二地，積極奮發、勇於挑戰及關愛家鄉的「純情」台美人的感人故事，既豐富又勵志，值得你我繼續探詢與借鏡，謹表敬意與推薦。

僑務委員會委員長　徐佳青

推薦序

織網台美間：
我在台美人社群的知遇與迴響

2008 年 4 月 26 日，臺灣大學國會研習社邀請我到徐州路法學院分享寫作與演講經驗，當天資深媒體人盧世祥老師全程參與，頻頻鼓勵，從此與盧老師結下深厚情誼。最近盧老師出版了一部台美人的鉅著，書中許多台美人的事蹟，深深觸動我內心的感動與回憶。

回想我與台美社群的緣分，最關鍵的一刻是在 2014 年 1 月，北加州台灣同鄉聯合會第四十一屆年會於 Cupertino 舉行，我是唯一講者。這次邀約，是多年寫作及數百場演講經驗累積的珍貴成果。當日美國多位政界人士如邱信福、艾和諧、辛克斯、戴維斯等，以及李明珠、李華林、洪奇璧、林慧瑜、劉鼎秀、楊幼雲等台美人前輩皆與會。

同年夏季，我再度受邀於北美西部及美中西部台灣人夏令會演講，這一年成為我與台美人長久連結的重要起點。甫過十年，我再度受邀至美東、美三區（包含美中西、美南、美東南）及美西夏令會分享。2025 年夏天，除了既定的夏令會巡迴演講，我更受邀前往大紐約區海外台灣人筆會，與王政卿醫師、成和正教授同台演講，以「人生三重奏—奉獻、參與、樂齡」為主題，分享「捐款奉獻導致我人生巨變」的故事。

溯源至 2013 年，時任總統馬英九意圖推動核四公投，我主動舉辦公民講座，短時間內完成兩百多場，影響力傳至美國，於是我受邀赴舊金山、洛杉磯及聖地牙哥演講。在洛杉磯的演講現場，互動環節一位聽眾連續答對七個問題，竟是名醫林衡哲，驚喜之餘，結下珍貴友誼。

　　2021 年 11 月於台中中央書局，陳永興醫師舉辦《台灣醫界人物百人傳續集》的新書發表會，林衡哲、杜武青、杜祖健等前輩聚首，林醫師推舉我發言，因而讓我多認識了杜博士。2023 年 5 月，林醫師策劃文藝復興講座於濟南教會舉行，由廖運範院士主持。林醫師原邀我主持，適逢赴日休假未成，我仍赴會獻花致意。散場後，國策顧問林逸民醫師親邀晚餐，席間他數度表達謝意，他驚訝於我十歲時便記得他替台美人楊嘉猷拉票的往事。（他以電話簿一一打給診所負責人，家父接到此通電話）

　　後來林逸民醫師新作《放眼看天下》發表會，他安排我壓軸演講。林醫師邀我訪賴副總統。我將多年校園演講經驗濃縮為建議，告訴賴副總統：校園演講的成功秘訣在於將學生的回饋持續整合，逐漸精進內容。賴副總統正面回應。

　　《放眼看天下》發表會還促成我與前台東市長賴坤成（百九）、全美會陳桂鈴會長的重逢，後來我協助「百九」競選台東立委，雖未勝出，但演講獲高度迴響。

　　我也因考證柯文哲未獲杜聰明獎學金，在台美人間聲名大振，受到首屆得主黃少南醫師高度肯定，更應杜聰明基金會董事長之邀演講：《杜聰明獎學金為台灣社會織起的一張韌網》，被譽為此領域的專家。如今，我樂於承先啟後，為基金會引薦傑出青年學者如廖

純情的台灣人──台美人

誼佳醫師，為基金會持續貢獻心力，我更樂見日後台美人團體邀請廖醫師赴美演講。

回顧這段與盧老師，與台美人社群的珍貴緣分，藉盧老師鉅作，讓我雙重回顧，再串起彼此，我將持續為這份情誼與使命不斷努力前行。

醫師 楊斯棓

推薦序
永遠純情的台美人

　　世祥兄是我高雄中學的學長,大我兩屆。我跟他的大弟世全是高一的同班同學。但是我跟世祥兄由於上大學、出社會、出國留學等等時間與空間的錯開,我們難得碰面。2000年以後,我因為新聞業務的關係跟他有了更多的交集,也獲得他許多新聞專業的協助。

　　世祥兄是真的「資深媒體人」。這個職銜很不幸地被滿街的名嘴用壞了,我改稱他是專業的新聞工作者,希望這個稱謂不要再被糟蹋。幾十年來他一直具有專業記者銳利的嗅覺與觀察力。他常以赤子之心擁抱世界,以客觀文筆刻畫人間。1981年至今他在新聞工作之餘發表了無數的著作。這些著作無一不顯示他是懷著溫暖的心,以冷靜的頭腦在看我們這塊土地,看這塊土地上的人們。

　　今年世祥兄又出版新書《純情的台灣人──台美人》。他這十幾年來出版了一系列台灣人的形象記錄。這本書是系列的延續。他1980年第一次赴美,隔年正式去美國留學,到1991年回台灣,在美國生活了十年。這十年是台灣現代史上最撼動人心的十年。這期間有美麗島事件、林義雄家的血案、陳文成事件、民進黨組黨、李遠哲得諾貝爾獎、台灣解嚴、蔣經國過世、李登輝繼任總統、鄭南榕自焚等等。世祥兄也這樣因緣際會認識了許多熱情、無私奉獻、關心這塊土地的美國台灣人,也就是本書所稱的台美人。

　　《純情的台灣人──台美人》書中提到的彭明敏、廖述宗、洪哲

勝、索拉茲、台獨聯盟、海外黑名單、FAPA、台灣之音、台灣公論報、黃昏的故鄉、台灣會館等等人、事、地、物大多是我們耳熟能詳的。但是作者用立體的鏡頭，從多維的角度切入。在事件中凸顯人物；在人物背後展現事件。細緻入微地觀察每個人物，每個場景。處處流露他對台美人感恩的情懷。一如他往常的風格，嚴肅的事件在他的筆觸下都充滿溫馨與純情。我自己在1980年代初與1990年代末兩度在美國生活。對於台美人的熱情甚至是激情也頗有認識。但是閱讀《純情的台灣人——台美人》時，我產生時空旅行的幻覺，沈浸在台美人的純情裡。我似乎看見許多天真無邪的蕃薯囝仔在太平洋的彼岸，以堅毅的眼神凝視著台灣，熱烈地搖手、呼喚母親。

忽然間，我從書的字裡行間看到了一位純情的台美人。一個熟悉的臉龐。永遠是掛著兩個紅蘋果般的臉頰，永遠像健康寶寶般天真無邪的微笑。盧世全——我高中一年級第一次見到他時就是這個樣子。每次在舊金山見到他，他總是關心地問他能為台灣再做些什麼？也總是興高采烈地計算他接下來要回去台灣投票的日子。有時我打趣他說：「怎麼幾十年了，我們談話都沒有距離」。他會很正經地回說：「因為我們有共同的故鄉、共同的關心、共同的話題、共同的語言」。有時我去找他之前，問他我是否要帶些什麼？他爽朗地回我：「不用！我們台美人什麼都不缺，最缺的是故鄉來的朋友。」

2021年世全回台灣參加同學們的聚會時，他還是掛著天真無邪的微笑大聲地跟我們說他明年還要回來投票。2022年秋天他確實回來高雄了。選舉前的10月我突然接到世祥兄告知世全因意外過

世。太突然了,突然到我的立即反應是:「開什麼玩笑?!要投票了呢!」突然到我至今仍然無法相信。我有時懷疑世全是否在忙些什麼,等著回來投票⋯⋯。

　　謹以此文為世祥兄的新書序。也藉以懷念我們認識的這位永遠的台美人。

　　　　　　　　　　　　　　　　　　前新聞局局長　葉公超

共同推薦

豐富史料與細膩筆觸
刻畫台美人無私奉獻

「文章者不朽之盛事，經國之大業」。這段話可以從盧世祥兄的著作找到答案。世祥兄此一鉅作—《純情的台灣人——台美人》，描寫在美國的台灣人對台灣所做卓越貢獻。列舉彭明敏、蔡同榮、陳文成、蕭泰然、黃仁勳、王景弘等人，他們「人在美國心繫台灣」，對台灣長期而無私的奉獻，不亞於生活在家鄉打拚的台灣人。這本書值得 2,300 萬人細細品嚐，作為智慧、感恩、知足的心靈饗宴。

義理法律事務所・第三屆國大代表 

還原歷史缺塊，洞見台灣真情

　　民主科技台灣的成就，背後英雄就是一群台美人前仆後繼的努力而來。盧世祥的《純情的台灣人——台美人》是一本史料蒐集完整的袖珍版台灣民主運動百科全書，更是名人軼事。

　　將台灣被遺忘的秘辛，以溫馨的手法，補足台灣戒嚴時的歷史缺塊，更帶領讀者洞見勇敢至性的台灣真情，令人動容。喜歡閱讀章節中的引言，再以平實鋪陳，不慍不火的筆觸，自然情感的流露，撩起《純情的台灣人——台美人》這段刻骨銘心的歷史記憶。

國立台北藝術大學名譽教授 

勇敢拓荒的新台灣人

　　世祥兄在宗教界「聖年」所付梓的力著《純情的台灣人——台美人》，此書不僅躬逢其盛，更是功德無量！因為這書可讓新一代的「台灣人」有榜樣、典範「見賢思齊」焉，而書內人物非並在科技界最夯的黃仁勳、蘇姿丰……卻是在半世紀、或一甲子前便漂洋過海到新大陸「勇敢單打獨鬥、胼手胝足打拼」拓荒者（Pioneer），由於「純情台灣人」們的默默播種耕耘，使「新台灣人」得以出類拔萃；然在當下資訊爆炸、加上歲月催人老下，致使真相蒙塵、甚或被誤解之虞？因此，這本書之問世像歷史洪流中的燈塔！是浩瀚書海中「方舟」，值得高度肯定與慎重推薦，爰為序。

資深新聞工作者 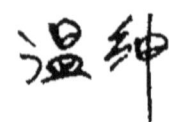

從威權到自由，
台美人的民主行動不曾間斷

　　台灣的歷史充滿著彎曲，但終究的結果，就是往自由與民主前進。盧世祥顧問曾透過其文筆，記載台灣民主的演變，寫下台灣從威權到自由，過程中所經歷的血汗、犧牲與辛勞。

　　這本《純情的台灣人──台美人》更聚焦在一群居住在海外，但心從未離開故鄉的台美人，紀錄他們數十年來默默為台灣的付出。從成立同鄉會到智庫，開拓在華府的影響力到返國投票，台美人不斷透過行動支持台灣的民主，將台灣的未來視為自己的使命。

　　本書以真摯筆觸記錄這群海外台灣人的歷史足跡，讓讀者清楚看見，世界各地都有朋友，默默在為台灣的故事加油。

台北市議員 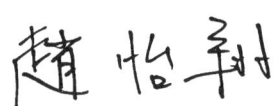

作者序

人在美利堅，心在美麗島

> 「人生以服務為目的，展現助人的關懷與意志。」
>
> (The purpose of human life is to serve, and to show compassion and the will to help others.)
>
> ——史懷哲（Albert Schweitzer）

　　1980年夏天，我第一次去美國，在威斯康辛州（Wisconsin）一個大學城參加國際經貿研習會。在偶然的場合，遇見一位王姓工程師，任職於3M（明尼蘇達礦業製造公司），聽說我來自台灣，且從事新聞工作，很熱心地邀我去他家一敘。一到王家，發現他同時約了幾位台灣同鄉；我們用了簡單的食物，記得其中有一道扁食湯，王太太用廣東式的四方形雲吞皮包餡，鮮甜高湯中的菜蔬主要是西芹（celery），我第一次吃到這樣的扁食湯。

　　1980年是台灣民主化過程重要的一年。前此一年，美國與台灣斷絕官方關係、高雄有「美麗島事件」；這一年發生了林義雄家人的血案、美麗島軍法大審。台灣同鄉極為關切家鄉事，話題圍繞於此。他們告訴我，曾配合時事，就台灣政府威權統治的惡行，參與當地抗議遊行，並投書中西部大報《芝加哥論壇報》（*Chicago Tribune*）。儘管只是萍水相逢，直到今天，王家夫婦談到家鄉事的

熱切表情,仍有如在眼前。

1981年夏天,「陳文成事件」後一星期,我負笈美國,先在博爾德(Boulder)的科羅拉多(Colorado)大學唸了暑期班;這是由美國經濟協會(American Economic Association)所辦的 The Economics Institute 經濟學課程,參加者來自各國,有得傅爾布萊特獎助計畫(Fulbright Program)的德國學生,日本商社派赴美國深造的主管,與我同寢室的是南韓商工部官員。

洛磯山下的「台灣之音」初體驗

在風景秀麗的落磯山下校園,我遇見了蕭廣志。在那個民主人權尚未來到台灣的年代,他只自稱 David Shaw,我也不便問其漢文名字;對我這個來自台灣的記者很親切,同樣熱切地探詢家鄉事。他有點不修邊幅,留著小鬍子,在該校圖書館任職,也花時間為「台灣之音」工作:只要打一通電話,就可從錄音中聽到關於台灣的政治脈動及文化訊息。我後來打了幾次電話,內容充實且生動,身處美國鄉下而對家鄉訊息閉塞的遊子,聽來頗為親切有感,也聽出播報者就是他。

直到近年,我才知悉他在台美人「叮嚀繞樑故鄉音 遼遠牽繫遊子心」的「台灣之音」,是貢獻最大者之一,有人稱他為台美人的「華特・克朗凱」(Walter Cronkite, Jr.)。

博爾德之後,我往舊金山灣區,就讀柏克萊加州大學(UC-Berkeley),與 David Shaw 再未見面,但他播報台灣訊息的生動台灣母語,濃郁的台灣心,至今記憶猶新。蕭廣志這個漢文名字,幾十年後我方得知;也才獲悉其兄長蕭聖鐵教授,是我台大經濟系學

長,長年任教於博爾德科州大學經濟系。

台美人筆耕不輟,堅守台灣文化主體性

舊金山灣區是美西大站,有老華僑社區,有當時剛開放赴美的中國留學生,台美人以居住東灣為多。我在那裡遇見吳金德兄,高雄茄定人,台大法律系畢業後留學美國,有北達科(North Dakoda)大學法學 J.D. 學位及該州律師公會會員資格。一如其他台美人,他極為關心台灣事。初到灣區,我在他聖立安卓(San Leandro)家連續三天,晚飯之後促膝談論台灣政經社會,深夜方罷。

加大求學期間,承他和太太小梅關照良多。吳金德法、商實務有成,台灣的威權時代,他掛念家鄉事;民主化之後,轉而以台語小說創作闡發台灣文化,先後創設海翁台語文學獎、火金姑台語文學基金。他堅信,台灣四百年前以原住民為根源的文化,因漢化而式微,近一百年來開始自覺;只要堅定信心,追求心靈改造,一步一步重新釘根,台灣本土文化必有爬出漢化的迴旋樓梯,開花結籽的一天。

他以「崔根源」為筆名的文學創作之路,成果豐碩:短篇小說集《水薸仔的夢》、《人狗之間》,長篇小說《倒頭烏佮紅鹹鰱》、《無根樹》、《回顧展》、《超渡》。書寫兩位台美人阿真和阿明愛情故事及追求台灣獨立理想的中篇小說《蓮花化心》,近年翻成英文" *Implanting Lotus Heart*",向年輕一代台美人訴說台灣動人的往事。

灣區除了科技蓬勃發展,也是人文薈萃之地。「台灣最後一位紳士」吳基福醫師 1980 年創辦《遠東時報》,《聯合報》系的《世界日報》也有分社。《遠東時報》由作家陳若曦主持編務,她親歷

文革中國,有《尹縣長》等著作,家中常高朋滿座,江南(劉宜良)、蕭軍(中國作家)等文人雅士群集,高談闊論。我曾應她邀約,以「謝瑞孫」、「曾為明」等筆名,撰發評論文章;加上在柏克萊的讀書與接觸,對台美人社區、當年的中國國共鬥爭、東亞政經發展等,有較多瞭解。

身處國際新聞樞紐,關注台灣政經變化

一九八三年加州大學畢業後,我前往紐約加入《世界日報》總社。紐約是美國新聞傳播中心,有世界最好報紙之一的《紐約時報》(*The New York Times*),主要廣播電視網 ABC、CBS、NBC、PBS 總部都在這一有「大蘋果」(Big Apple)之稱的大都會。《世界日報》的採訪工作讓我有機會觀察紐約都會風華;編譯工作有助從《紐約時報》等新聞媒體優質報導中,學習美國大報及通訊社處理新聞的專業與倫理,也擴大了個人眼界;同時間兼任台灣《經濟日報》駐美特撰述,也曾為《自由時報》撰稿,關注變化日亟的台灣政經社會而不脫節。

紐約有傳統中國移民所形成的「華埠」,是講廣東話的「唐人街」或「老僑」社區,位於曼哈頓下城。一水之隔的皇后區(Queens)法拉盛(Flushing),1970 年代,台灣移民擁入,帶動當地活絡發展,是新興的台美人社區。我在「大蘋果」工作八年期間,美國學界和華人之外,結識了不少台美人,眼見新移民的積極打拚,觀察台美人的社團互動,也接觸了若干從台灣等地的來人。

紐約──海外台灣民主運動重鎮

就在紐約，我首次見到彭明敏教授。就讀台灣大學時，經濟系與法律系、政治系都屬法學院，我生也晚，沒有受教於他的榮幸。1980年代，他住美西奧立岡州（Oregan），常東來紐約，我有機會拜見，承他厚愛，此後四十年一直受到這位台灣民主導師啟發，不論在美國或台灣。黃信介是至今令人懷念的民主典範人物，我在他新澤西州女兒的家訪問過他。余陳月瑛是高雄市鹽埕區北野町出生的女性傑出政治工作者，我在法拉盛台美人的聚會見到她，見識了政治人物待人處事的細膩。主張「百分之百言論自由」，並不惜為此以身相殉的鄭南榕，在紐約曾與他一席夜談，感受他的強烈個性與決心。「黨外祖師爺」郭雨新晚年住華府，我從紐約以電話訪問他，對台灣人晚輩從事新聞工作期勉有加。史明從日本到訪紐約，在加州唸書時讀了他的《台灣人四百年史》，但見面後覺得人似不如其文。

紐約是海外台灣人民主運動重鎮，台美人參與者眾。楊次雄是外科醫師，曾任北美洲台灣人醫師會（NATMA）會長，在法拉盛創辦第一銀行（Amerasia Bank），為日增的台灣移民服務。他常和我在銀行談論台灣政經社會發展，對台美人事務積極熱心。2024年1月，在台北舉行的「全美台灣同鄉會2024海外台僑團圓餐會」，當選總統的賴清德湊近視力退化的他，握手輕語：楊醫師！我是清德仔！

在紐約遇見台美仁人志士

楊黃美幸先後擔任紐約、全美台灣同鄉會會長，是楊次雄太太。1987年，在其引介下，我參加美東台灣人夏令會，不少台美人對此帶著狐疑的眼光，以任職於《世界日報》者莫非前來刺探當「抓耙仔」。那次活動，讓我見識了台美人「人在美利堅、心在美麗島」的純情與熱情，也見到廖述宗、吳得民教授等廣受尊敬的學者。

紐約台美人傑出者不勝枚舉，僅舉幾位較常接觸者。蔡同榮是紐約市立大學（CUNY）政治學教授，教書和從事為台灣爭取民主的活動之外，定期在《基督教科學箴言報》（*The Christian Science Monitor*）發表文章，分析台灣的政治情勢與發展。台灣出身的學者較少有此功力和機會，我因台美人居中連繫，曾把他的文章翻成中文。黃再添熱心台美人活動，海外第一所台灣會館—紐約台灣會館1986年建成，居功厥偉，被稱「奇人」；近年創設「布魯克林藝站」（BAS），提供台灣藝術家到訪紐約時落腳、創作的場所。洪哲勝長年從事台灣人政治運動，傾向社會主義主張，有「心胸開闊的革命者、熱情的行動家」雅號。陳泰明任教於聖若望大學（St. John's University），是傑出的經濟學者，台灣東海大學畢業後，在水牛城（Buffalo）及紐約市取得經濟學碩、博士學位。其學術專長為經濟發展、國際貿易、經濟預測，且個性開朗而深具台灣心，我們一見如故，常討論家鄉事，特別是經濟事務。他熱心台美人公共事務，包括主編《台灣文化》雙月刊英文版；彭明敏教授來紐約，常請教他的看法。

台美人從外部促成台灣民主

1980年代台灣政經社會世變日亟,黨國當局面臨民主內外壓力,戒嚴、黨禁相繼被迫解除,李登輝擔任總統,「萬年國會」終結,經濟社會因金錢遊戲而熱絡波動,中國也發生「天安門廣場事件」。台美人不僅加強支援台灣民主運動,更積極遊說美國國會,從外部促成自由、人權實現於美麗島。

在紐約歷練幾年之後,逐漸步入中年的新聞工作者面臨選擇,一是繼續留在美國,另一是返鄉。經由陳泰明教授推薦,我原已準備就緒,進聖若望大學法學院就讀。另一方面,對家鄉的變化覺得與其遠觀,若能有機會身歷其境,是一個台灣記者較有意思的挑戰。適巧此時,《聯合報》系要我回台北承乏《經濟日報》編務。於是,1991年春,在去國十年之後,我回到台灣,繼續自己熱愛的新聞工作。

現今仍在新聞線上,從事新聞學者歐陽醇所說的這一「迷人的職業」已逾50年;有年紀之後對於人生所來路,回顧檢視,自覺理應留下紀錄。近年連續出版《多桑的世代》(2015)、《台灣的恩人群像錄》(2018)、《我們台灣人—台灣國民性探討》(2021)、《台灣觀察錄》(2023),即有感於自己對台灣歷史人文的無知,讀書寫作以探究「我是誰?我從哪裡來?」的「懺悔錄」,前三冊是為「台灣人三部曲」。

感佩台美人無私付出,譜寫民主化歷程重要篇章

這本《純情的台灣人——台美人》有如本文開頭所記,當年初赴

美國所見到的台灣同鄉，他們對家鄉的思思念念、時時關懷、事事付出、且不求回報的純情，一直令我感佩，要為這些台灣人出自高貴情操的所作所為，留下紀錄。

主意既定，催發自己著手動筆的，是 2024 年春，哈佛大學學生吳亭樺向前往該校演講的中國駐美大使謝鋒抗議。她受訪表示，身處美國自由、安全、民主的大環境，願藉此「台美人特權」，為「抗中保台」付諸行動。進一步探究，得知吳亭樺是二二八事件受難的台北大稻埕名醫施江南後人，有著抗拒威權的血統。從早年反抗黨國統治到近年「抗中保台」，正是眾多台美人為家鄉所努力不懈的目標。

最堅決的選民群體、深愛家鄉的純情台美人

同樣是 2024 年，年初的台灣大選，廣受國際矚目。《紐約時報》1 月 13 日發自台灣的新聞，以〈為何很多台裔美國人願意不遠萬里返回台灣投票〉為題，一開始就指出，「他們是世界上最堅決的選民群體之一」。《時報》報導，對許多第一代台美人而言，1996 年台灣首屆民主總統選舉以來，每四年一次的返台之旅已成為一項傳統：數以千計的台裔美國人會預訂昂貴的機票，收拾行李，飛越太平洋，為台灣總統選舉投票。[註1] 從而，台美人不僅是「最堅決的選民群體之一」，以行動展現對家鄉的熱切關愛而不求回報，同樣可列為舉世之最。

本書旨在回顧台美人為家鄉犧牲奉獻而不求回報的種種。必須強調，所提到和描繪的人物及事蹟，著重作者個人所曾經歷、較為熟悉且感佩者，這些人與事容或已隨著歲月凋零，卻是如今享有自

由、民主、人權富裕的台灣所不能或忘。另一方面，台美人功在台灣者濟濟多士，值得大書特書，本書僅嘗試性加以揄揚，期盼拋磚引玉，更多動人的台美人的人與事，能得各方賢達積極闡發而光大。

同時，本書以「純情」形容台美人，旨在彰顯這些遠在異國的台灣人，於複雜而艱難的大環境，保持對家鄉的關愛，且付諸行動，犧牲奉獻，不求回報，長久不渝；台灣因有這一真誠而溫暖的情感，得以積極奮發，蛻變為民主自由繁榮社會。為台灣殉難的陳文成教授有一個心願，道出台美人純真的愛：「我們要深愛著苦難的台灣，為她的民權、自由奮鬥，要讓孩子們得以無憂地成長」。^(註2) 以「純情」為書名，出自周婉窈教授建議，在此致謝。

本書獻給世全，他 2022 年冬從舊金山回高雄投票，11 月不幸因病而長眠於家鄉。他是台美人，我親愛的弟弟。

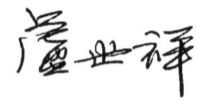

參考文獻

註1：〈為何很多台裔美國人願意不遠萬里返回台灣投票〉，《紐約時報》中文網，2024.1.13。
註2：林富文，〈陳文成教授紀念基金會成立經過〉，台美史料中心，2014.9.5。

第 1 章

對家鄉台灣永遠純情

　　在美國的約 70 萬台美人（Taiwanese Americans），人才輩出，打拚奮鬥，各方成就斐然。

　　在台灣內外變化過程中，他們或在美國落地生根，或選擇返鄉效力，都對家鄉關愛長久不渝，以行動貢獻台灣，是台灣永遠的啦啦隊、義務的救援者、不領薪水的外交官。他們是純情的台灣人！

> 「我畢生只有一個願望，那就是希望台灣能成為一個獨立、民主、進步、有品質、有尊嚴的國家，而我所做的一切，就是……將所有熱情與心力奉獻給台灣……為故鄉作出最大的貢獻；我深信這是學者『食果籽，拜樹頭的責任。」

——廖述宗（中央研究院院士、芝加哥大學榮譽教授）

二二八事件、民主化、抗中保台……，二十世紀第二次世界大戰後台灣的國家社會進程，台灣人民身歷其境，關關難過關關過。同時，遠隔重洋之外，在美洲大陸，也有一大群人，幾十年來不但關懷台灣的安危與進展，還願為台灣付諸行動，賣力奉獻，甚至犧牲，關愛台灣之心不渝，「人在美利堅、心在美麗島」，他們是純情的台灣人──台美人（Taiwanese Americans）。

台美人為台灣挺身而出，嗆聲中國駐美大使

這樣的例子多不勝數，且打動人心。2024年4月20日，中國駐美國大使謝鋒在哈佛大學遇到的場面，就是一例。謝鋒當天應邀到這一長春藤名校甘迺迪學院（Harvard Kennedy School）的「中國研討會」（China Conference）開幕講話，遭到學生接連公開嗆聲，場面令他訝異而難堪。謝鋒也萬萬想不到，率先抗議者，竟是來自台灣的二二八事件受害者後人。當天，演說因而延誤了四十五分鐘，場外還有數十名學生聚集示威，全場干擾演講進行。

發生於1947年的二二八事件，台灣人民遭蔣介石政權逮捕、殺害、槍斃或失蹤者不計其數，被稱為「台灣人國殤事件」，或「台

灣史上死傷最慘、最多，影響最深廣的歷史事件」。中國共產黨1949年才建立政權，成立中華人民共和國，事實上在二二八事件中並沒有角色。如今，二二八事件受害者遺族，為何在哈佛大學向共產中國的駐美大使抗議？

冤有頭、債有主，二二八事件的原凶，是事發時的台灣行政長官陳儀，以及下令派兵到台灣鎮壓的國民政府主席蔣介石。當時正與中國國民黨鬥爭或「國共內戰」的共產黨，事實上是站在台灣人民這一邊，支持台灣人「以和平方法爭取自治」。就在二二八事件爆發後一星期，共產黨的《解放日報》3月8日發表「支持台灣獨立」言論；毛澤東發自延安的廣播講話也說：「我們中國共產黨所領導的武裝部隊，完全支援台灣人民反對蔣介石和國民黨的鬥爭。我們贊成台灣獨立，我們贊成台灣自己成立一個自己所要求的國家。」[註1]

再說起在哈佛大學，當天第一位當眾向謝鋒抗議的，是哈佛三年級學生吳亭樺，主修經濟學、副修政府學。吳亭樺的外曾祖父施江南日本時代是台北名醫、京都帝國大學博士，學成返鄉後擔任教職，致力公共衛生，熱心公義，也協助戰後滯留的台灣人日本兵返鄉，並在台北建成町（今屬大同區）創立四方醫院，擔任二二八事件處理委員會委員。1947年3月11日晚上，因瘧疾而躺在床上的施江南被軍警從醫院帶走，從此一去不回，留下妻子和五個女兒，是二二八事件中未經審判、「被消失的台灣菁英」。

吳亭樺：台灣移民第三代，二二八受難遺族

在夏威夷出生、長大的吳亭樺，當天與三位學生在謝鋒演講的場合，輪番從聽眾中挺身而出，譴責中國在西藏、新疆、香港迫害

純情的台灣人──台美人　33

人權的所作所為。他們都屬該校「學生抵抗中共聯盟」（Coalition of Students Resisting the CCP）成員。

身為在美國的台灣移民第三代，從二二八事件受難者遺族，到以實際行動撻伐中國大使，其間的表現，既有時代背景，也出自家庭因素。吳亭樺所展現的，不僅是個人的深思明辨與覺醒，也凸顯了在美國的台灣人社群對家鄉長年不渝純情：關心並熱愛台灣，願為它奔波、奉獻、犧牲，不計個人回報的深情台灣心。

二二八事件是台灣人永遠的傷痛

發生於1947年的二二八事件，是上一世紀二戰之後，台灣政治黑暗日子的開端，接下來同年3月到5月的屠殺、「綏靖清鄉」，以及長期戒嚴統治、白色恐怖，台灣人民遭受極大苦難。

台灣社會經此摧殘，黨國當局卻把集體屠殺美化為「恢復秩序」，官方的定性定調，企圖合理化其捕殺社會菁英及濫殺無辜民眾的滔天罪行。在長年肅殺的威權統治之下，台灣人民普遍對政治冷漠，許多人選擇當順民；戰後出生的世代，從小被長輩警告「囡仔人有耳無嘴」。與荷蘭夫婿韋傑理（Gerrit van der Wees）創辦並發行《台灣公報》（Taiwan Communique）、三十五年在海外為台灣發聲的陳美津有一段回憶，可為注解：「我是二二八的家族，從小在二二八的陰影裏長大。當我離開台灣到美國唸書的時候，我的祖父母和父母專程來松山機場送別，流滿面不斷地叮嚀我：『絕對不要參與政治，不要冒險』」。（註2）

時年十六的廖述宗，目睹血腥大屠殺

北美洲台灣人教授協會（NATPA）創會會長廖述宗當年十六

歲,就讀台中一中,二二八血腥大屠殺如夢魘般,長年在腦海中揮之不去,也激發他的台灣意識。多年後他受訪時說:

「那時,被逮捕的人在槍決前,要遊街示眾。我親眼看見一個纏足的老媽媽,拼命想追一部載著人犯的囚車,卻又追不上,那種情景令人看了,忍不住會落淚。更令人難過的是台中一中旁,是個舉辦省運的大操場,當年即是國民黨軍人槍斃百姓的地方。每次要進行集體槍決,就命令學校停課,強迫學生站在操場上觀看,實在非常殘酷。我每次回家後,都直想嘔吐,這是我成長過程中最黑色的一頁。」(註3)

台灣人民敢怒不敢言,二二八逐漸成禁忌話題,甚至消失於新聞報導,不少台灣人竟不知這塊土地曾發生如此悲慘的歷史大事。《聯合報》民調顯示,事件發生四十一年後的1988年,公眾不知二二八者竟多達85%。(註4)

事件發生後,監察院提出「官警妄殺於先,軍憲枉法逞威過度、濫殺於後」的調查報告,然而,監察委員丘念台指稱「未聞懲治一人」,尤有甚者,黨國當局從未對加害者進行司法追究或人權審判,留下該有的歷史罪名。事件至今,官方檔案依舊不全,真相未明,元凶未究,也沒有主事者、奉命行事者或幫凶出面,為一己行徑認錯道歉,僅由後來的李登輝等總統代打。如今,「只有受害者、沒有加害者」的怪象猶存,傷痕及陰影仍在。台灣人民在「寬恕過去,放眼未來」的似是而非論調中,社會上不少人所知不多或已然淡忘。這一被長期湮沒的歷史事件,每年的紀念儀式及國定例假,因而逐漸流於形式。

政治受難者後代對抗威權的勇氣

進入政治黑暗時代的台灣,二二八雖長年遭刻意遺忘,所幸人民追求當家做主、建立自己國家的努力不懈,前仆後繼,奮鬥不斷,形成沛然莫之能禦的潮流,民主自由才得以光臨並扎根台灣;並以釐清真相,實施轉型正義,深化民主等方式,朝正常國家社會的目標推進。

從而,就歷史演變來看,在蔣介石黨國統治下的二二八事件本質,是台灣人民挺身對抗專制腐敗,要求改革與當家做主,卻慘遭大軍鎮壓、屠殺及長期壓制的暗黑歷史事件。台灣人民所追求的自由人權,歷經多年的民主化過程雖逐步實現,建立正常國家社會的目標仍待努力;近年在中國崛起之後,尤飽受脅迫,遭到侵略的風險有增無已。年輕的吳亭樺以二二八受難者後代之身,向中國大使嗆聲,所凸顯的正是台灣人民對抗不公不義的打拚精神及不餒志氣。在二二八事件時表現如此,如今堅定面對中國脅迫併吞,亦復如是。

二二八事件不僅長期重創台灣,直接、間接受害者難以勝數,最可悲的,儘管受害者遭遇家破人亡的悲劇,禁忌與時間推移,有些受害者的遺族後來對此竟毫無所知,或無所感。箇中原因,除了喪失親人的悲痛、殘暴經歷的恐懼、親人受害的牽連,二二八家屬往往選擇忘卻,不敢也不願重提慘痛往事,加上黨國統治對台灣歷史教育的扭曲和偏失,戰後台灣人至今成為「集體失憶的世代」,年輕一輩受害尤大。

出版《施江南傳》探究先祖遭難的歷史

吳亭樺屬二二八受難者第四代,每年寒暑假常回台灣。小時候

常聽父母談台灣歷史，2月28日當天，總不忘提到「今天是二二八」，她因而隱約知道外曾祖父施江南的遭遇，後來深入研究，不只瞭解先祖的人與事，也認識了遭湮沒及扭曲的台灣的歷史。

那是高中一年級，她對施江南在二二八受難的往事，出自好奇而開始研讀相關資訊，從外曾祖父個人、時代環境、二二八事件到白色恐怖，經過兩年蒐集資料、研究、訪談。她後來以「很震撼的學習經驗」形容這段歷程，不僅讓她大悟家人何以有強烈的台灣認同，探究台灣的獨裁歷程也讓自己體認，不能把民主視為理所當然；還有一項具體成果：高三時她出版了《施江南傳》（*The Story of Shih Jiangnan*）。

以英文為施江南立傳，主要是很多二二八受難者的故事還不為人知，期盼外曾祖父的人與事不被遺忘，可讓更多像她一樣的台裔美國人，瞭解台灣曾經歷的重要往事。寫書也使自己對相關課題有深刻的思考和心得，「我瞭解越多台灣史，就越感到有必要保護台灣得來不易的自由」。吳亭樺於是大一時到關注亞太區域安全的智庫實習，接觸亞太安全、台海兩岸、國際關係等議題，認識了中國的威脅及台灣在政治、經濟、國際關係等方面臨的挑戰。對原本主修分子和細胞生物學、想當醫師的「科學人」來說，這些課題都很外行。從而，她大二起轉系，主修經濟、政府等學科。

吳亭樺2023年12月和台灣、西藏、新疆維吾爾族、香港、中國等學生組成「學生抵抗中共聯盟」，旨在透過交流討論、揭露中共統治真相、動員學生反抗中國威權體制等三種策略，相互學習交流經驗，整合彼此力量，促進跨領域運動團結。吳亭樺說，來自中國的成員告訴她，很想知道以前海外台灣人如何推動民主，要讓海外中國人也能促進中國的自由發展；而自己看到西藏同學甚為積

極、熱切談論西藏議題，給她很大刺激，希望台美人社群也能像他們一樣。

一脈相承台美人精神與風骨，堅拒謊言進入校園

當天向謝鋒抗議，是為了不讓他在哈佛盡說天大的謊言。謝鋒代表進行種族滅絕、摧毀香港自由社會的中國政府，做的是推進中國政府的議程。抗議行動不僅讓謝鋒、中共的支持者難堪，他們還大聲說出「我們堅決拒絕這些謊言進入校園」。吳亭樺說，「很高興我們的聲音被聽到了」。

台美人有更大自由與責任，支持各地人權運動

參與活動與交流學習，「我也意識到，身為台灣美國人，我比許多其他跨領域運動的朋友有更多自由和安全。對我來說，利用這種特權做我做得到的事，支持並促進他們的運動，是很重要的。」的確，身為台美人，相較於西藏、新疆、香港等地來人，在美國從事人權或社會運動，既受自由民主保障，也不受中國當局的「長臂管轄」。她受訪時說，自己一直在思考台灣的創新未來，如何從半導體產業多元化，保持經濟強大，建立有國家安全意涵的「矽盾」，繼續研究與台灣創新未來相關的領域。(註5)

吳亭樺事後遭留校察看四天，但校方未懲處當天架走她的中國學生，還向對方致歉。美國眾議院美中戰略競爭特別委員會為此發表聲明，抨擊哈佛向中國屈服，已完全被敵對外國勢力腐蝕。委員會主席穆勒納爾（John Moolenaar）及史蒂芬尼克（Elise Stefanik）、福克斯（Virginia Foxx）也批評哈佛懲罰公開反對中國侵犯人權的

勇敢學生，處置偏差，向共產中國卑躬屈膝。(註6)

　　吳亭樺所凸顯的，是台美人濃郁的台灣情，是堅定的台灣認同，從二二八、打破兩蔣黨國統治、促成台灣民主自由，到如今「抗中保台」，其間一脈相承的「不容妥協」、「開創未來」核心價值。在美國的台灣人社群以吳亭樺所強調的「台美人特權」，多年來身處美國自由、安全、民主的大環境，不斷關懷台灣，且在台灣民主化之後，兼愛天下，支持並與其他國家、地區正在爭取自由、人權的民間人士及組織合作。

無懼挑戰的勇氣是台美人特色

　　吳亭樺的表現，也突出台美人的特色；這一特色，2022年5月南加州橘郡爾灣（Irvine）一家台美人教會的槍殺案，受到新聞媒體矚目。台灣教會遭「中國和平統一促進會」成員持槍和汽油彈攻擊，造成一死五傷。在場的鄭達志醫師奮勇犧牲抵抗，牧師張宣信率教友反擊，不待警方到達，已先制伏凶嫌。事件最受矚目的是，台灣人面對挑戰時表現的英雄精神和勇氣。有如南加州選出的韓裔聯邦眾議員金映玉（Young Oak Kim）所稱讚：台灣人是非常堅毅的民族，無論在台灣或在美國，他們一次又一次向世界展示他們的堅忍不拔。(註7)

　　新聞界報導本案，不僅讚揚「勇敢的台灣人」，也注意到「教會大多數成員是受過高等教育的年長台灣移民」。這就突出台灣移民或台美人的另一特色：高學歷、重視家庭及子女教育。

　　這一特色，其來有自。台灣原保有科舉傳統，日本時代起人們接受普及的國民教育，不僅到日本求學，也有去美國的留學生，二二八事件受難者林茂生即屬之。他畢業於哥倫比亞

大學，受教於教育哲學家杜威（John Dewey），是台灣史上第一位留美博士。台美人在美國的初期發展，以戰後留學生為主。先是戒嚴統治之下，受壓制的台灣人民尋求向外發展；二二八事件中被消失的台灣菁英，其家族後代一有機會就選擇移居海外。花蓮鳳林二二八事件受難者張七郎醫師遺孀詹金枝，曾有子孫「寧可做美國奴，不做中華民國紳士」的沉痛之語。(註8)

第一代台美人對家鄉政治社會運動出力甚多

1950年代末期，台灣學生出國留學者增多，以美國為多。五〇年代中期，中西部台灣同鄉會在芝加哥（Chicago）成立，後來發展成大芝加哥台灣同鄉會。(註9) 六〇年代初期，美國東部大城紐約、費城（Philadelphia）、巴爾的摩（Baltimore）、華府、堪薩斯市（Kansas City）陸續有台灣同鄉會成立。(註10) 1965年美國移民法案，給予有專業技術和美國公民的親屬優先移民待遇，留學生及家人取得公民者增加，戒嚴時期的「黑名單」再導致不少台灣人「有家歸不得」，長期居留美國。台美人這一背景，特別是高學歷、工程師、專業人員、教授、學者為多，與其他族裔主要是經濟因素的移民大異其趣，且成為特色。

值得強調，台美人第一代雖遠在美國，仍多心繫台灣。在台灣上一世紀八〇年代邁向民主自由之路，著力甚多，主要是透過義助本土政治社會運動，並遊說美國政要，對台灣威權當局施壓，實現民主。

台美人的遊說，美國政要積極回應，支持者眾，國會有「台灣四劍客」：參議員裴爾（Claiborne Pell）、甘迺迪（Edward Kennedy）、眾議員索拉茲（Stephen Solarz）、李奇（Jim Leach）。

在威權時代，他們力促國民黨當局解除戒嚴，聲援美麗島事件受難者，確立「台灣前途和平、免於強制、且為台灣住民所能接受」的民主自決原則，並實現台灣每年移民名額兩萬人，與中國分開計算。

台灣於 1990 年代民主化之後，他們力促行政部門支持台灣加入關稅暨貿易總協定（GATT，今世界貿易組織 WTO 前身）；促成美國出售 F-16 戰鬥機；也支持柯林頓總統 1996 年台海危機派遣航空母艦前來護衛。

台美人掀起台灣民主化浪潮

除了透過草根力量，遊說美國議員，從外部施加壓力，最終促成台灣打破黨國體制，終結少數統治，走向民主，台美人也以「台美人特權」，在美國民主自由的環境，支援並與台灣內部民主人權組織交流合作，有的甚至結束留美生活，回歸台灣一起打拚。在主張獨立有殺身之禍而自決懸為禁忌的戒嚴體制之下，他們與台灣人民積極努力，終於促成人民覺醒，掀起民主浪潮。

台灣獨立運動在海外蓬勃發展，被列為「黑名單」者闖關，到陳文成事件，蔡同榮回台灣力推公民投票，張燦鍙返鄉從政……，前仆後繼，台美人以行動報效心所愛的台灣。

報效台灣不只政治一途，學術、科技、經濟、社會運動，也有諸多台美人回鄉投入，並因借鏡歐美先進國家經驗而注入新意，讓台灣在民主化之路走得理直氣壯而有力。當然，在威權體制下，也有台美人嘗試從武力著手，對抗或推翻黨國政權，有黃文雄、鄭自才 1970 年在紐約行刺蔣經國的「**四二四事件**」。其他台美人在持有槍枝較為容易的美國，有的也練習射擊，以備來日之需。

> ### 四二四事件
>
> 　　1970 年 4 月 24 日，黃文雄、鄭自才等人在紐約試圖刺殺蔣經國未遂，事件震撼國際。黃文雄遭警方壓制時高喊：「Let me stand up like a Taiwanese！」四二四刺蔣案不是英雄主義的故事，如同黃文雄本人所言，本案引起的海外聲援行動，更像是反抗國民黨威權、台灣民主化運動的集體「英雄現象」。

　　近年，台灣面對經濟、軍事崛起的中國，受到的脅迫日益增加，台美人的時代任務轉而遊說美國政要，從政治、外交、經濟、安全支持台灣。同時，民主化之後的台灣，駐美官方機構與台美人關係也從以往的互不信任、甚或對立，轉為交流、分工合作，齊力為台灣。其間，台美人除了同鄉會、職業專業、學術、宗教、聯誼團體、會館及台灣人公共事務會（FAPA）等老牌遊說組織，還成立智庫全球台灣研究中心（Global Taiwan Institute, GTI），強化論述和政策研究，提升影響力。

台美人「《紐約時報》是世界上最堅決的選民群體之一」

　　對於家鄉的關愛，台美人不僅表現於在美國的發聲和遊說，也付出諸多具體行動，返鄉投票最受矚目。2024 年台灣總統及立法委員選舉，《紐約時報》的報導，畫龍點睛，描繪出台美人的時代新任務：近年，隨著中國對台灣脅迫，許多台美人感覺自己與故土的連繫更為緊密；「他們是世界上最堅決的選民群體之一。每隔四年，數以千計的台裔美國人會預訂昂貴的機票，收拾行李，飛越太

平洋,為台灣總統選舉投票。」

從而,每四年一次的返鄉之旅,自 1996 年台灣舉行首屆民主總統選舉以來,已成為台美人的傳統。中選會統計顯示,2024 年至少有四千多名海外台灣人登記參加大選投票。住在美國的台灣人,被視為推動台灣利益的重要選民群體;雖然台灣有些人認為內政是當年大選的重要議題,但台美人更擔心台灣的主權問題。

根據調查,台美人約七十萬人[註11]。他們人才輩出,在美國打拚,艱苦奮鬥,各方成就斐然。特別是近年台灣在晶片等科技產業的發展,從台積電到美國輝達,從張忠謀到黃仁勳,海內外台灣人在先進電子產業的表現出類拔萃,舉世矚目,也是今後台灣與美國聯手打造「非紅產業供應鏈」的堅強實力基礎。其間,在台灣內外變化過程中,台美人有的選擇返鄉效力,有的在美國落地生根,如今已傳承到第三、四代。無論返鄉或留在美國,儘管大環境改變,報效的方式隨時代調整,從遊說政要、上街抗議、犧牲奉獻、返鄉投票……,行動不絕。在促進台灣邁向民主、繁榮的過程,許多人都是無名、不求個人回報的貢獻者,分別以不同的形式奉獻,促成堅韌挺立的台灣。

他們對家鄉的關愛長久不渝,用心、以行動貢獻台灣,是台灣的永遠的啦啦隊、義務的救援者、不領薪水的外交官。他們是純情的台灣人!

參考文獻

註 1:李筱鋒,〈中共以前是贊成台獨的〉,《蘋果日報》,2015.5.6。
註 2:陳美津,〈台灣子婿退而不休 Gerrit van der Wees 台灣公報創辦人韋傑理〉,台美史料中心,2016.3.16。
註 3:楊遠薰,〈生命的執著—芝加哥大學廖述宗教授的故事〉,台美史料中心,2014.9.5。

註 4：盧世祥，〈新聞界從此進入黑暗時代〉，《名單之外你也是受害者之一？》，桃園：逗點文創結社，2917.2。
註 5：〈哈佛生吳亭樺抗議中國大使演講從小志願當醫生為保護台灣民主轉系〉，中央社，2024.4.23。
註 6：〈台裔生抗議謝鋒演講遭懲美議員批哈佛向中共屈服〉，中央社，2024.10.19。
註 7：〈一把椅子制伏槍手南加州教會目擊者：勇敢的台灣人〉，中央社，2022.5.21。
註 8：張炎憲序，〈行過死蔭的幽谷—張七郎家族的動人故事〉，《花蓮鳳林二二八》（花蓮地區），張炎憲、曾秋美主編，台北：吳三連台灣史料基金會，2010.4.4。
註 9：楊遠薰，〈生命的執著—芝加哥大學廖述宗教授的故事〉，台美史料中心，2014.9.5。
註 10：〈關懷台灣基金會簡史〉，《十年回顧》，頁 3，1996.6，紐澤西關懷台灣基金會。
註 11：〈台灣大選 2024：揭密台灣政治背後的海外「台美人」，難以忽視的「草根外交」團體〉，BBC, 2024.1.3。

第 2 章

愛台灣的代價（一）
——黨國的監控與恐嚇

　　台灣黨國當局在美國校園及台美人社區廣布眼線，監控恐嚇，炮製「黑名單」，諸多惡行，1981 年的陳文成事件終於大爆發。

　　經由台美人控訴、遊說，美國國會議員採取斷然行動，才終於迫使台灣當局停止侵擾留學生及台美人的系統性運作。

> 「政府害怕人民時,便有自由;人民害怕政府時,便有暴政。」
>
> (When the government fears the people, there is liberty. When the people fear the government, there is tyranny.)
>
> ──傑佛遜(Thomas Jefferson,美國開國元勛)

1981年5月20日,陳文成帶著妻兒從美國返回台灣時,這位卡內基美隆(Carnegie Mellon)大學統計系的年輕教授,心情十分愉悅。相較於許多台美人,他是幸運的。出國六年,不但以三年的時間順利取得密西根(Michigan)大學數學碩、博士學位,具有保險業精算師資格,也任教於卡內基美隆大學;而能返鄉探望雙親和親人,顯示他沒有像其他許多台美人,被台灣當局列入「黑名單」,望斷歸鄉路。

然而,31歲的陳文成從未料到,這趟返回他所心愛的家鄉之行,竟是他人生的終結之旅。這位在國際學術界受到重視的年輕數學家,也從未想到,他的命喪家鄉,震驚台灣和國際社會,激起極大政治漣漪,以致終結了台灣當局在美國部署校園間諜的罪惡結構體系;前程似景的他,以個人的生命犧牲,換得台美人在美國校園及學界免受台灣黨國監控的「長臂管轄」。

陳文成事件疑點重重,各界質疑政治謀殺

陳文成7月2日一早,被三名警備總部人員,以約談為由帶走離

家，從上午九時被留滯到晚上九時，長達十二小時的偵訊後，隔天清晨被發現陳屍於母校台灣大學研究生圖書館旁草地。警總主管宣稱他「畏罪自殺」，陳文成的家人和朋友指控是遭到政府謀殺，前來台灣參與驗屍的美國法醫生理學家及卡內基美隆大學教授認為那是一起他殺案件。

三十年後的 2021 年，經由有識之士共同努力，在他陳屍的地點，建立「陳文成事件紀念廣場」，以悼念這位因關愛家鄉而犧牲的台灣人，也持續對尚未釐清真相的黨國威權暗黑歷史罪行提出控訴。每年 7 月 3 日，陳文成紀念日，台大校園都有追思活動，追念這位為了愛台灣而付出生命的傑出校友。

整體來說，陳文成事件凸顯了幾個事實。首先，蔣家政權以黨國體制統治台灣，監控人民無所不用其極，還擴及美國，校園及台美人社區都難逃其魔爪。警備總部在約談陳文成時告訴他，當局有「無所不在的監控網」、「其中有很多『忠貞愛國』的留學生」。同時，陳文成回台灣後，就遭警總跟蹤，家人經常接到查詢、騷擾電話。他 6 月到南部拜訪朋友，就差一點遭遇刻意製造的車禍。陳文成預定 7 月 1 日返回美國，但出境證卻被警總扣留。[註1]

蔣家政權的監控與迫害

在相當程度，陳文成是當時在美國的台灣人社群縮影。他們以留學生為多數，在個人學業與職業漸趨穩定之後，共同的夢想是家鄉也能像美國那樣自由民主；他們批判黨國當局，支持方興未艾的民主運動，組成團體，抗議台灣的黨國統治，遊說美國國會促成台灣民主人權。陳文成就是這樣的在美知識分子：他在數學專業有成，前程似錦，熱愛家鄉，關切台灣前景，且以行動支持黨外民主

運動;他為促進一個美好家園而努力,也為此理想付出生命。

與陳文成相識相交的台美人黃界清教授如此描繪他:「為人海派,很容易跟大家打成一片。他不會隱瞞自己的政治想法,也不怕別人知道,甚至常和國民黨所謂的『特務』公開辯論,是一個聰明、個性開朗、又有正義感的人。」(註2)

陳文成被警總盯上,源自在美國求學與任教期間,關心家鄉事,積極參與台灣同鄉會、人權會等活動,且以行動支持台灣民主運動,包括向台美人勸募集資「定期捐款支持島內民主運動」。從已知的資訊,他寄送贊助《美麗島雜誌》美金支票被警總掌握,1979年9月與施明德越洋通電話也遭竊聽,從此被嚴密監控。

陳文成一生心繫故鄉,擔憂台灣政情

陳文成始終思念家人和家鄉台灣,希望回到自己的土地耕耘。他常對妻子陳素貞說:「美國的山水有什麼好看的。山要翠綠才是山,水要清澈才是水,那才叫山水!台灣的山水才算是真正的山水」1978年,他在《安娜堡鄉訊》第43期,以筆名「曉帆」,發表題為〈徬徨〉的文章,道出他觀察台灣政情的急迫感:

「長年學墊式的填寫,仍壓抑不了內心深處對於社會鄉土的關注。⋯⋯深藏於內心那改革、求善的熱情,畢竟是根固於扭曲的客觀環境!於是,刺痛的良心竟成為彼者的噩夢。⋯⋯可是,對於事情本質的了解,卻帶來更沉重的壓力。」(註3)

根據國史館整理公布警總的一部分筆錄,在已知的偵訊過程,警總都讓陳文成知道「你是被無所不在的監控網監控」、「你在海外的狀況我們都知道」、「我們不可否認的,這裡面,我

們有很多『忠貞愛國』的留學生」。即便他返鄉之後與小學同學、留美室友私下吃飯聊天的對話,都詳細掌握,步步進逼,要他「認罪」。不過,陳文成強調,他只是希望台灣進行民主改革,要有兩黨政治;對於《美麗島雜誌》成員,他們是希望成立「第二黨」,並非叛亂組織;他也強調,在海外一直期盼台灣進步。(註4)

在黨國當局眼中,這些行為都是叛逆,相關人等要通通抓起來,平日嚴加監控;其在海外者,列入黑名單,禁止返回台灣。陳文成命案,就是黨國當局海外嚴密監控的結果。在此之前,台灣在海外廣佈「校園間諜」已引起美國司法部門及國會注意,黨國當局一概打馬虎眼;陳文成命案一舉暴露「校園間諜」成網,美國為此對台灣政府甚為不滿。

當局事後對陳文成案的說詞十分離譜,人遭警總押走,翌日陳屍台大,官方一度說是「畏罪自殺」,欲蓋彌彰。果然,卡內基美隆大學派專家韋契特(Cyril Wecht)及狄格魯(Morris DeGroot)前來調查,直指台大不是第一現場,陳文成不可能死於自殺,也非出於意外,而死於他殺;他們懷疑陳文成可能遭人打昏或以麻醉劑迷昏後從大樓拋下。兩人於 1985 年 6 月在《美國法醫及病理學》學術期刊,以〈發生在台灣的謀殺案〉為題,直言陳文成慘遭謀殺。

「沒有加害者」的政治命案

陳文成遇害,是繼前一年黨外省議員林義雄家發生滅門血案,又一件駭人聽聞的命案。戰後黨國統治期間,台灣發生不少政治命案,從二二八事件、林宅滅門血案到陳文成命案,幾十年至今仍只見受害者,沒有元凶和加害者,真相不明,凸顯台灣從威權走向民

> **林宅滅門血案**
>
> 　1980年2月28日,前民進黨主席林義雄因美麗島事件被捕,審判期間家中發生滅門血案,母親游阿妹、雙胞胎女兒林亮均與林亭均遭不明人士殺害,大女兒林奐均重傷。

主的轉型正義,顯然未竟其功。

　尤有甚者,陳文成事件連第一現場也未查明,國安局把命案相關檔案列為「永久保密」,拒絕移轉檔案局,其後只勉強提供遮掩的影本,有些甚至整頁塗黑,其不願真相公諸於世的遮掩心態,可見一斑。當時的蔣經國總統在事件發生後,向卡內基美隆大學校長賽爾特(Richard Cyert)承諾徹查案情;但在案發後一年的1982年,對蔣經國空頭支票不滿的賽爾特致函蔣經國,嚴詞指責:「吾人不相信兇手無法查出,吾人認為,是政府不願追查兇手!」(註5)

　同樣地,黨國當局在民主化之前,禁止民間成立以陳文成為名的基金會;台大當局處理「陳文成事件紀念廣場」,也反映類似心態。為陳文成立碑,由學生發起,歷經十年才成事。其間,阻力甚大,校方原承諾負擔一半經費,擔任校長時的管中閔改以「政治敏感」為由,拒絕分攤;後經校友及關心本案的公眾捐輸,才終於建成。

金萱為陳文成作詩,悼念對抗國家暴力的勇者

　廣場矮牆刻有「紀念一位堅決抵抗國家暴力的勇者」文字,由

黑色大理石打造的建築體，代表台灣仍存在許多真相未明的白色恐怖事件。碑文簡述陳文成命案緣由，引述行政院促進轉型正義會報告指「陳文成死於他殺的可能性高」。台大為陳文成立碑過程的波折，歷經三任校長才得以實現，凸顯了台灣推進轉型正義所遭遇的重重阻力和困難；包括教育機構的台大等許多部門，轉型正義至今尚未落實。

感念陳文成愛台灣而付出寶貴生命，曾經旅美的詩人金萱以詩致敬：

再見，夢中的福爾摩沙
──致一位堅決抵抗國家暴力的勇者

1981年5月，出國六年思念故鄉的陳文成教授，攜妻、子從美國返台探親；7月2日遭三名警備總部人員以約談為由帶走，7月3日清晨被發現陳屍在台灣大學研究生圖書館後方左側草坪。

彼時，烏濛濛的夜空深處
你瞥見光芒微弱的北極星流星般瞬間劃下

再也回不去了。你知道
再見了，故鄉家園
再見了，親友、愛妻和稚兒
阿爸阿母請您也保重

你的身體是傾倒的座標
在不斷翻縐逆行的夜汐裡
如沒了翅膀的伊卡洛斯墜落
在校園濕冷的泥地上
孤獨的形骸，是歸航的曉帆⁽註⁾斷了桅
是漂流的浮木，擱淺了
是今日，與昨日不義的見證

幽靈的腳步聲逐漸遠去……
月光疑似驚嚇過度而白色肅殺
蟲蟻輕蔑，這樁即景──
一隻閃亮全力振翅的甲蟲捲入的風雲
幾道血腥，如篝火
灼燒起陰鬱的淵藪

久別重逢啊久別重逢
母校、放手的青春歲月
那些年，那些人
在黑板留下姓名
在畢業的紀念冊兼註：「勿忘影中人」
提示未來都將在告別的路途裡

你清楚知道，返鄉的道路
沒有捷徑
需要一些數學演算的迂迴
真理與正義邏輯的爬梳

堅定如薛西弗斯推動巨石的毅力
要替夢想黏上翅翼
以及衡量飛越大海的距離

露水從你遺落鞋子的右腳滑落
蟬聲尖銳,如瘦長的哨音
伏擊失恃的足尖
穿透漸次無感的耳膜
紡織娘倚著鮮血沁底的草枕放聲大哭
北極星的熒光,靜靜凝視
狂草如流霰的血漬

閉上眼睛,安靜的淚水涔落泥土
正在消逝。三十一歲的你。
悲傷的,永恆的,青鳥之魂
沉睡在這個美麗島嶼
再見,再見啊——
夢中的福爾摩沙 (註6)

引起國際譁然的黨國威權迫害

　　2009年,台美人刁毓能(Will Tiao)在美國電影《被出賣的台灣》(*Formosa Betrayed*)中,融入陳文成因於海外支持民主運動而遭謀殺的元素。電影劇本靈感來自台灣白色恐怖時代的四個真實事件,包括一位台裔美籍教授在台灣的命案,另一是台灣黨國當局派出黨員身分的中山獎學金得主,國外留學時監控、記錄與拍攝其他

台灣學生動態，彙集後回報國內情治機構。電影所獲評價不俗，曾在台灣上映，遠比美國轟動。

刁毓能的父母來自台灣高雄，他在美國出生，第一份工作是在台灣人公共事務會（FAPA），本片身兼編劇、製片、演員。他曾表示，這部片子不僅是一部電影，而是一個運動，最大意旨是希望白色恐怖永遠不要再發生。

陳文成事件後，北美洲台灣人教授協會積極動員各地會員，主動與美國媒體、民意代表連繫，揭發中國國民黨特務在美國各大校園的活動與製造黑名單的惡行，令美國主流十分震撼，廣為報導，暴露了台灣當局在美國從事的見不得人勾當。

《紐約時報》案發後的報導，引述眾議院人權小組成員李奇談話，指警總約談時出示握有陳文成在匹茲堡（Pittsburgh）的卡內基美隆大學言行及與台灣通話紀錄，顯示在美國有一廣泛監視台灣公民的告密網。他說，值得重視的，是向台灣政府直接、間接報告的告密者，滲入美國大學校園，監視教職員和學生。他要求美國國務院「制止台灣當局在我國針對台灣人的監控活動。」(註7)

李奇還強調，這種行徑背離傳統，也可能違法。他告訴《基督教科學箴言報》，按《外國代理人登記法》，台灣在美國的官員付錢給學生告密者，如未向司法部申報，屬可罰款一萬美元、五年徒刑或兩者兼施的重罪。陳文成案顯示，台灣駐美官員違反此法的情事不少，聯邦調查局（FBI）應行調查；而台灣告密者在匹茲堡所蒐集資訊若導致陳文成之死，FBI有義務確認是否違反美國法律。該報也引述世界台灣人同鄉會聯合會會長陳唐山的話，陳文成是校園間諜的被害者，台灣特務滲入教會及學生組織等台美人社區。

美國眾議院：陳文成案是台灣政府的「台北門」

李奇還告訴《基督教科學箴言報》，陳文成的一生，有如其他來美國奮鬥的外國住民，有著「幾近童話故事般的成功」，返鄉之前剛與卡內基美隆大學簽下三年合約，「正邁向可能的正教授終身職位」。

本案震驚各界，李奇以「台北門」稱呼本案，但他強烈認為「謀殺」更為貼切[註8]。眾議院外交委員會亞太、人權小組當年10月6日聯合召開調查公聽會，陳文成遺孀陳素貞以證人身分出席，發表聲明且出示陳文成遺體照片，會場譁然；索拉茲等議員強烈指責台灣黨國當局，不能容忍其以間諜行為侵害人權，破壞美國民主。

報界之外，新聞刊物也探討台灣政府在美國校園的監控活動。**《時代雜誌》(*Time*) 於事件一個月後，以標題「間諜在你我身邊」(*Spies Among Us*) 為題**，報導蔣經國政府在當時五十萬人的台美人社區，尤其校園，部署龐大監控網，留學美國的學生被警告不得有反蔣政府言行。紐約一位王姓資訊處理分析師說，陳文成事件導致台美人人心惶惶，唯恐自己是下一個受害者，這不是個案。另一位不願公開姓名的商人說，他仍把台灣當家園，但不回去了，不願成為下一個陳文成。李奇眾議員指出，台灣政府的爪牙無疑地在美國從事騷擾、恐嚇、監視美國住民，美國政府應查辦此事。[註9]

滲透美國大學的中國國民黨「抓耙仔」

《新聞週刊》(*Newsweek*) 在陳文成事件約一年後，以「課堂裏的奸細」(*Spies in the Classroom*) 為題，報導更為詳盡。它指台灣執政的中國國民黨派出的學生探員潛伏在全美國校園，記錄疑似異

純情的台灣人──台美人　55

議份子的名字；利比亞等國也有美國校園監視活動，但華盛頓大學中國研究教授史培德（Stanley Spector）指出：「台灣政府似乎是花最多錢在這件事上的」。報導引述台灣學生，有多達五個台灣政府機關在美國蒐集情資，透過駐美的北美事務協調委員會鬆散地組織。學生說，國民黨經常從軍校中招募間諜，大部份是忠誠度高的學生兼差當間諜；有些是全職探員假扮學生。

學生間諜滲透校園，黨國眼線遍佈台美社群

另據美國消息來源，有些線民每月有六百美元薪水，有些按報告論件計酬五十或一百美元不等。據一份卡內基美隆大學流出的樣本報告，線民要提供「敵我情勢分析」及各種「敵人」的資訊，每份報告可填入五個名字。耶魯（Yale）大學據報導，四十五個台灣學生中，有三個「抓耙仔」。學生彼此交談因此格外小心，會以巧妙方式分辨誰是奸細，例如能經常返鄉的人，或在 10 月重要政治節日返回台灣的人，就可能是間諜。報導也指出，美國政府及大學不經意間也補助了線民：有些學生兩邊拿錢，包括他們從台灣得來的告密費用。(註10)

美國新聞界的報導，加上國史館公布的部分筆錄，大致勾勒了台灣政府在美國所幹的勾當，亦即：在校園及台美人社區廣佈間諜眼線，豢養眾多告密者，監控異議人士，製造黑名單，剝奪其返鄉權利，以阻截海內外民主力量串連；即如陳文成雖得返鄉，回台灣後也難逃警總掌控。

課堂裡的奸細無所不在

有如上述報導和筆錄所顯示：「蔣經國政府在五十萬人的台美人

社群，尤其校園，部署龐大監控網」；由於「課堂裏的奸細」充斥、「間諜在你我身邊」，形成「無所不在的監控網」，當局且以「我們有很多『忠貞愛國』的留學生」、「你在海外的狀況我們都知道」恐嚇陳文成；對美國來說，「這種行徑背離傳統，也可能違法」。

必須強調，蔣家政權的海外監控，絕非始於或僅只陳文成或匹茲堡，而是列寧黨的統治慣性使然，不但以黨領政、以黨領軍，黨國當局還全力掌控社會團體及活動。根據學者研究，於 1970 到 90 年代，黨國當局在台灣同樣密切監控校園及教會，其犖犖大者至少包括「春風計畫」、「校園安定小組」、「安苑專案」（針對校園，尤其社團極其負責人），「長老教會案」（以團契與地區中會為對象），「二二二專案」（清查道館、寺廟、武術團體、宗教團體）。
（註 11）

海外監控部分，以陳玉璽及葉島蕾兩個案子最受矚目，凸顯從 1960 年代起，只要有台灣留學生的地方，黨國當局就派人出爪牙，加以監視。

遭黨國政治迫害的台美人

台大經濟系出身的陳玉璽，1964 年在夏威夷（Hawaii）大學留學期間，常到圖書館閱讀中國書報，且參加反越戰活動，上了海外「黑名單」。兩年後他獲得布朗（Brown）大學獎學金，但護照延期遭拒；遂轉往日本，因替親共的《大地報》撰稿，逾期居留被日本遣送台灣，旋以「為匪宣傳」遭判刑七年。事件引起國際社會關注。英國哲學家羅素（Bertrand Russell）1968 年發表公開信，指陳玉璽因表達自己的政治觀點被判刑，是對言論自由的嚴重侵

犯,違反人權。國際人權團體及夏威夷議會、日本議員也關注此事。蔣家政權國際形象大失,所謂「自由中國」竟如此不自由;陳玉璽最後雖經判刑,但提前釋放。

另一件 1980 年的葉島蕾案。29 歲的她,在台南昆山工專擔任英語教師,被指 1975 年留學美國明尼蘇達(Minnesota)大學期間,與中國駐美人員交往密切,閱讀《毛澤東選集》,並接受對方指派回台灣工作,執行任務,以叛亂罪起訴。這場政治冤案,發生於美麗島事件後不久,被指係當局肅清異己的行動,且葉島蕾有意出馬競選立法委員,為當局所忌,因此坐了七年牢獄,2002 年 1 月才回復名譽。(註12)

受黨國監控的海外留學生

台灣政府在美國校園部署告密者以監視留學生,從 1960 年代末期受到美國新聞界注意。柏克萊加州大學發行的《加州人報》(*The Daily Californian*) 1976 年 3 月 15 日即以〈美國大學的台灣間諜〉(*Taiwanese Spies in the US Universities*)為題,連續登載三篇系列報導,一開始就引述一位姓方(Fong)的工科台灣留學生,手持五十美元支票及報告表格,告訴該報他是中國國民黨忠貞黨員,出國前就被吸收為政府工作,來美後他每填妥表格,送往當地台灣領事館,就可收到一張五十美元支票。(註13)

更早之前的 1975 年 8 月 12 日,佛羅里達(Flordia)大學教授馬克爾(Norman Markel)投書該校發行的《獨立佛羅里達鱷魚報》(*The Independent Florida Alligator*),討論該校一位李姓教授所主持的團體,涉及向台灣駐當地領事館打小報告,導致台灣學生護照更新受刁難的情事。投書以「中國學生做間諜」(*Chinese* students do spy）為題,指他向領事館查詢,李教授送往領事館的新聞信,指這名學生在公開場合唱了反台灣政府的歌曲,導致護照更新出狀況。擔任學生活動顧問的馬克爾認為,這是對該校學生進行的監控活動。(註14)

國民黨職業學生領「月薪」,負監控學生責任

學者許建榮深入探究黨國當局對海外留學生的監控。他指出,布置眼線的工作,始於當時出國留學須參加的教育部研習會,調查局從中招募願在海外為「國家服務」者;拿黨國的中山獎學金者,尤負監控責任。其次,他旁徵博引,揭示「打小報告」的價格、格式、組織、刊物;「反共愛國聯盟」、「光華社」、《波士頓通訊》均屬之;全職的「職業學生」每月可領一千一百元美元,並有配車。另外,據專欄作家柯樂（Larry Cohler）引述國會紀錄,中央情報局（CIA）估計台灣有四十五個高級特務官員在美國活動,其中九人在校園;聯邦調查局評估有二十五人。最後,美國媒體和國會明指,陳文成案是黨國特務學生活動的結果。(註15)

此外,任教於加州斯克里普斯學院（Scripps College）的台美人鄭昕（Wendy Cheng）追尋其台灣早期留學生的父母足跡,從廣泛訪談與查閱美國和台灣的大學收藏檔案資料發現,1970年代台灣黨國當局在幾乎美國每一所大學都佈有眼線,專門監控台灣留學生,每個人的交友情形、參與社團都留下檔案紀錄。她指出,校園特務擅長用「殺雞儆猴」手法恐嚇留學生,陳文成事件就是其中一例。同時,全美幾個台灣領事館也參與監控行動,甚至在大學圖書館佈有線民,回報學生借了什麼書籍。歷史檔案也顯示,特務監聽留學生與家人通話,留下文字抄本。(註16)

黨國職業學生位居馬英九政府高官

黨國當局多行不義,在美國校園監控台灣留學生,從校園報刊到大眾傳播媒體廣為報導,到了陳文成事件終於大爆發。在台美人的控訴和遊說之下,美國關心台灣的參眾議員採取行動。陳文成事件後的 1981 年 7 月和 10 月,國會就此邀集包括司法部、聯邦調查局等機構及台美人舉行公聽會。眾議員索拉茲在關鍵時刻使出殺手鐧,1981 年提出《軍備出口管制法修正案》,針對陳文成命案,禁止出售軍備給在美國從事有系統恐嚇、侵擾人民的國家。法案經參眾兩院通過後,由於台灣對美國軍備依賴甚深,終迫使黨國停止在美國校園監控學生及學者,以「校園間諜」製造黑名單的惡行。

然而,有些曾被指「校園間諜」、「職業學生」者後來搖身一變,在民主時代位居政府高官。馬英九領中山獎學金留學美國時,曾蒐集「台獨人士」資料。(註17)同樣拿中山獎學金留學日本的江丙坤,曾向中國國民黨中央請求在通訊隱匿身分,指「為便於展開活動,中山獎學金同志名單,不宜發表,在通訊上避免使用『中山獎學金』銜封」。(註18)凡此都凸顯了沒有真相與究責的轉型漏洞百出,正義至今在台灣仍屬未竟大業。

參考文獻

註 1: Mattel,〈綠色警總、綠色恐怖?陳文成命案告訴台灣人何謂警總與恐怖!〉,《想想論壇》,2016.4.24。

註 2: 〈黃界清先生訪問紀錄〉,《海外台灣人運動訪談錄》,台北市:國史館,2024 年 5 月,頁 459。

註 3: 〈陳文成的生與死〉,財團法人陳文成博士紀念基金會,cwcmf.org.tw。

註 4: 〈陳文成「生前最後一天」12 小時筆錄首曝光,精神凌遲超越肉體,他卻至死堅持一件事〉,《風傳媒》,2019.12.30。

註 5: 《陳文成檔案》美國校長痛責蔣經國:凶手與政府有關,吾人不相信無法查出,是政府不願追查。〉,《風傳媒》,2019.12.30。

註 6: 林金萱,〈再見,夢中的福爾摩沙—致一位堅決抵抗國家暴力的勇者〉,《自由時報》副刊,

2025.5.21。陳文成在 1978 年《安娜堡鄉訊》第四十三期,以「曉帆」的筆名,發表文章。

註 7: "Death of Taiwan Professor causes uproar on a Pittsburgh campus.",The New York Times,1981.7.21。

註 8: "Professor's death linked to alleged Taiwanese spying",The Christian Science Monitor,1981.8.6。

註 9: "Spies Among Us",TIME,1981.8.10。

註 10: "Spies in the Classroom",Newsweek,1982.5.17。

註 11: 林國明,〈威權統治時期校園與社會監控之研究成果報告,促進轉型正義委員會委託研究〉,2020.4。

註 12: 黃國民,〈先抓人再選舉葉島蕾被捕真象〉,《台獨月刊》,1980.12.28。

註 13: "Taiwanese Spies in the US Universities", The Daily Californian, 1976.3.15。

註 14: "Markel :Chinese students do spy.", The Independent Florida Alligator, 1975.8.12。

註 15: 許建榮,〈國府統治時期對海外留學生的監控:以美國為例(四)〉,《文史台灣學報》,台北教育大學台灣文化研究所,2009.10。

註 16: 〈黨國特務眼線下那一段台灣意識在美國萌芽的歷史〉,中央社,2023.12.21。

註 17: 李廷歡,〈國民黨史資料挖出馬英九承認在美蒐集台獨人士資料〉,《信傳媒》,2018.1.13。

註 18: 馬非白,〈被遺忘的歷史:蔣家王朝羅織失敗的關仔嶺事件〉,《想想副刊》,2022.1.5。

第 **3** 章

愛台灣的代價（二）
——「黑名單」

　　台灣的黨國當局在美國密佈爪牙，監控台美人社區和留學生，導致陳文成事件，也炮製「黑名單」，讓海外台灣人遠望家鄉歸不得。

　　監控、「黑名單」及恐嚇，是當局海外控制手法一體的三面。海外台灣人前仆後繼，勇於「闖關」，犧牲奉獻，才終使「黑名單」被掃進歷史垃圾堆。

「光在黑暗中照耀，黑暗決不能勝過祂。」

——《聖經》：〈約翰福音〉一章五節

　　台灣的黨國當局在美國密佈爪牙，監控台美人社區和留學生，導致陳文成事件，也製造「黑名單」，讓海外台灣人遠望家鄉歸不得。從而，監控、「黑名單」及恐嚇，是黨國當局對海外台灣人控制手法一體的三面：經由各式各樣的監控，「抓耙仔」躲在暗處打小報告，羅織罪名包羅萬象，莫須有的最多，當局照單全收，受害者無從辯解，及其發覺，也常百口莫辯，深受其害；進而達到其以「長臂管轄」，恐嚇、壓制台灣人對自由民主的追求。

黑名單致使海外台灣人成無國之民

　　對於黨國當局的海外監控及恐嚇，歷史學者張炎憲有一段話，精要地加以描述：

「黑名單」

　　白色恐怖時期，中國國民黨情治單位羅織海外「黑名單」，配合駐外使館、海外黨部聯手監控海外台灣人社群；職業學生、告密者等眼線遍佈各處，負責提供政治異議人士名單。遭註記禁止返台人員名單者，不得核發簽證並禁止入境，各方稱為海外「黑名單」。

> ### 海工會
>
> 全稱為中國國民黨海外工作會,為 1972 年至 2000 年間,隸屬該黨中央委員會,或稱「中三組」,後併入組織發展委員會海外部。黨國時期,海工會負責搜集留學生社團動態、管理海外黨員訓練、動員,並打擊政治異議人士。

「海工會、警總、駐外單位在各學校建立細胞,收買留學生,專門打聽留學生的思想,並參與留學生的活動,撰寫報告,將異議份子分級列管,此類留學生被通稱為『職業學生』。打小報告的異議份子,則被列入『黑名單』,無法返台,台灣的情治單位更派人威脅其在台父母、親戚,要求管束子女,不可造反。這些恐嚇如果沒有收到效果,則以吊銷護照,讓留學生成為無國之民,走投無路,徹底毀其生路,縱使雙親亡故,國民黨也不准其返台奔喪,看

> ### 警備總部
>
> 警備總部為台灣史上規模最大的情治機關。中國國民黨政府於 1958 年 5 月 16 日,合併台灣防衛總司令部、台北衛戍總司令部、台灣省民防司令部、台灣省保安司令部四個單位,對社會進行異己肅防、文化檢查、政治監控、人權迫害。警總時代長達 47 年,形成特務治國的非常現象。

父母最後一面。」^(註1)

造成有家歸不得的海外「黑名單」

台美人飽受黨國監控、「黑名單」及恐嚇之害,國際知名的生化學家廖述宗有著不堪回首的遭遇。

在1967年他父親廖繼春台北去世,申請簽證回鄉奔喪,卻未能獲准,才知道自己已被列入「黑名單」,內心極為痛苦:「有許多年,我獨自一人時,每當想起自己連人子的最後一份責任都無法盡到,就不禁淚流滿面。」廖繼春是台灣最知的名家之一,作品在日本時代曾入選日本帝國美展。

廖述宗甚至不知自己何時被列入「黑名單」,且一旦遭羅織,長年望斷歸鄉路。他的遭遇顯示,在台美人社區,只要帶有「台灣」兩字的社團,都是禁忌,被列入密切監視目標,社團的活躍份子大都上了「黑名單」。廖述宗熱心台美人活動,1980年且創立北美洲台灣人教授協會,成為當時海外人士與台灣民主人士接觸的前鋒。這位研究男性荷爾蒙的國際先驅,1982年應邀在台灣大學一項研討會演講,才得以國際學者身分入境回鄉。[註2]

封殺台僑回鄉,侵害人民居住及遷徙自由

黨國當局以「黑名單」封殺海外台僑回鄉,基本上違反聯合國及國際法相關規定,亦即一個國家通常不應禁止自己的國民入境;國籍屬基本人權,每個人都有權進入和居住在自己的國家。誠然,在某些特殊情況,如涉及國家安全或公共健康的緊急狀況,政府可能對自己的國民實施臨時旅行限制;但實務上,這些例外狀況,應以合法公開方式為之,且當事人有管道申訴或尋求救濟。

> ### 動員戡亂時期國家安全法
>
> 　　《動員戡亂時期國家安全法》是在解除戒嚴前後制定的法律，旨在因應特殊的國安情勢。它的第三條第二項第二款規定，適用於動員戡亂時期，雖然和《憲法》沒有直接衝突，但1992年修法後的《國家安全法》，第三條第一項仍規定人民出入境都須經主管機關許可，並沒有區分是否有戶籍或住在台灣，一律都需要申請。這一規定，對未經許可入境者仍加以處罰，違反《憲法》第二十三條的比例原則，也侵犯了國民可以隨時回國的自由。因此，應在立法院針對出入境事務訂定專法並開始實施後，不再適用。（根據：大法官會議釋字第五五八號解釋，2003年4月18日）

　　按《中華民國憲法》，第十條規定，人民有居住及遷徙自由。因而，旅居國外人民的返鄉權，即使在威權時期也不能以國安為由而恣意加以限制，事經2003年4月大法官〈釋字第五五八號〉闡明。

憲法第十條保障人民居住與遷徙自由

　　〈釋字第五五八號〉因「《國家安全法》就人民入出境須經許可之規定違憲？」爭議而起。大法官明白指出，《憲法》第十條規定人民有居住、遷徙自由，旨在保障人民有自由設定住居所、遷徙、旅行，包括入出國境之權利。人民為構成國家要素之一，從而國家不得將國民排斥於國家疆域之外。在台灣地區設有住所而有戶籍之國民得隨時返回本國，無待許可；惟為維護國家安全及社會秩

序,人民入出境之權利,並非不得限制,但須符合《憲法》第二十三條之比例原則,並以法律定之。(註3)

然而,威權國家總是不顧基本人權,透過監控而來的「小報告」真假莫辨,且屬違法取得,為當事人所加的罪名也常莫須有,禁止自己國民入境的案例乃如家常便飯。台灣的黨國當局對台美人的監控與「黑名單」,就是這種威權政府的惡劣行徑。

「黑名單」戕害人權、重創當事人名譽

「黑名單」侵害人權極甚,不僅嚴重傷害當事人,還常禍延家人。實質言之,當事人因被列入「黑名單」而被政治迫害,遭到逮捕、審判、甚至監禁;有如前途似景的陳文成,因此命喪家鄉。還有更多台美人,被迫流亡海外,有鄉歸不得。其次,名列「黑名單」在威權時代,常使當事人失去工作機會,職業發展受限制,嚴重打擊其社會關係和家庭生活。同樣惡劣的,當事人名譽因此受創,即使後來證明無罪,污名也難以完全洗清,名譽無以回復。

儘管「黑名單」的脅迫作用甚大,返鄉不僅是基本人權,也是人的本性。黨國當局雖極力祭出監控及「黑名單」,試圖阻斷海外台灣人與台灣內部的民主力量相互呼應,結合蔚成潮流,畢竟有如螳臂擋車,以失敗告終。

「黑名單」的產生與製造,有如前述《新聞週刊》(Newsweek)1982年5月17日所報導,有多達五個台灣政府機關在美國收集情資,透過駐美的北美事務協調委員會鬆散地組織。國家安全局負主要責任,國防部情報局、調查局、中國國民黨海外工作會都有成員派駐海外,拿黨國中山獎學金、軍方及公務機關出國留學者,有的也被交付監視海外當地留學生和僑民的任務。

> **北美事務協調委員會**
>
> 　台灣專責處理美國相關事務的政府單位。台美斷交後，美方依據《台灣關係法》成立美國在台協會（AIT），台灣政府也設置這一對等機構；2019年更名為「台灣美國事務委員會」

　這些經由監控所製作「小報告」，匯集當事人的言論及行動，主張台灣獨立、違反「反共國策」、參與左派、統派、台灣同鄉組織……，都可能遭羅織；還有的只因與告密者有私人恩怨，也被暗算。「小報告」由於被密告者不知，當事人無可辯駁，通常於申辦護照展延或辦回台灣加簽時才得知，但也無可申辯。

入出境管理局取消加簽，成「黑名單」泛濫緣由

　在那個年代，持台灣政府所發護照者，如出國因求學或工作護照逾期，須持有回台灣的加簽，方得重新入境，且政府可從入出境管理局直接取消回台加簽字號，這是「黑名單」泛濫的緣由之一。從1980年代起，不少被列入「黑名單」者千方百計「闖關」衝破限制返鄉。1980年代末期，台灣的民主浪潮迫使當局終於解嚴，1991年《懲治叛亂條例》廢除，加上1992年5月《刑法》第一百條修正，「黑名單」已成強弩之末。這一戕賊海內外台灣人的惡劣行徑，包括入境停留居留及戶籍登記相關法令，侵犯憲法所保障的人民居住及遷徙自由，1998年5月才經大法官會議第四五四號解釋令宣告違憲，而於1999年5月廢止。

> **《刑法》第 100 條**
>
> 　　在 1935 年施行的《中華民國刑法》第 100 條（內亂罪）規定：「意圖破壞國體、竊據國土或以非法之方法變更國憲、顛覆政府，而著手實行者，處七年以上有期徒刑；首謀者，處無期徒刑。預備犯，處六月以上、五年以下有期徒刑。」
>
> 　　立法院 1992 年 5 月 15 日，三讀通過「刑法第 100 條」修正案，在條文中增加「以強暴或脅迫著手實行」的具體條件，拆除威權政府的最後一道法律工具，解除了言論自由的枷鎖，民眾自此不再因言論與思想獲罪。

　　惡名昭彰的「黑名單」，對台美人的傷害至大。名列「黑名單」的「首惡」份子，護照三年到期後自然失效並不予回台加簽，很多人淪為無國籍者、被迫改換其他國家國籍或成為政治難民。「首惡」之外者，護照或未遭吊銷，但當局對當事人及其家人的騷擾跟監視常持續不斷，侵犯其人權和自由。廖述宗等眾多台美人，不但長年望斷所愛的家鄉台灣，遇父母長輩亡故，也無以返鄉奔喪。因而，台美人聚會的場合，文夏所改編填詞的日本歌曲〈黃昏的故鄉〉常是最被吟唱的歌曲；與〈望你早歸〉、〈補破網〉、〈望春風〉以及〈媽媽請你也保重〉等曲，常讓台美人歌聲響起，思鄉之情油然而興，眾人潸然淚下，為台灣打拚無畏之心也更堅決。

轉型正義的未竟大業

　　儘管「黑名單」千夫所指，一如其他迫害人權的勾當，黨國當

局一直否認其存在。解嚴之後的 1989 年，中國國民黨海工會主任鄭心雄受訪時，仍否認有「黑名單」，宣稱「絕不會有個名單在電腦裡」，只承認有「個案處理」，「現在我們的標準非常寬，只要他不進來否定我們的憲法、國旗、國號，我們通常都不會怎樣」[註4]。1991 年，外交部長錢復在立法院接受時任立委陳水扁質詢，才表示雖然沒有「黑名單」，但承認有所謂「列註人員名單」。1992 年，內政部長吳伯雄宣稱，當時列註名單已不到五人，透過外交部核轉駐外單位做為簽證核發參考依據。

黨國當局以海外監控及製造「黑名單」危害人權的惡行，威權時代一手遮天，真相外界難以窺知，民主時代才逐漸經各方揭露，但相關機關對公布檔案等公開透明工作仍多推諉，凸顯的是轉型正義至今仍屬台灣未竟大業。

監察院 2023 年 8 月通過糾正行政院，是官方對威權時代不當作為的公開檢視及檢討。糾正文指出，威權統治時期政府對海外學人返國服務進行安全查核，濫權違法監控而不介聘，箝制人民思想及言論之自由，並有黨政不分等情形，違反自由民主憲政秩序，侵犯人民受憲法保障的權利。

調查局派駐人員至各國使領館辦事處

主其事的監委范巽綠經由調閱檔案、諮詢及訪談，指調查局於 1971 年至 1995 年間，在派駐十五個國家的使領館或辦事處安置一百零三名安全官或保防秘書，把監控海外留學生及僑民的內容，回報外交部和中國國民黨海工會。留學生返回台灣求職，須經情治單位主導的安全查核，歷年先後有光華、海鵬、海光、維民等為名的專案會報主其事，共查核六萬六千三百七十多人次，審議「涉嫌對

象」一千零五十一案,其中一百六十二案因對象「涉嫌情節重大」而協調各機關學校不予介聘。

監察院的報告指出,未通過安全查核者,主要理由在國內為同情黨外人士、與國內陰謀分子交密,推介黨外偏激刊物予學生閱讀等;海外包括曾參加台灣同鄉會、與當地台獨分子交密、接待民進黨人士或為其助選等,甚至還包含「論文觀點不妥」,即:「內容如涉有對本黨、政府與領導中心,虛構或歪曲事實,存心攻訐、汙衊,或幾近左傾、親匪與台獨論調。」范巽綠說,許多被監控對象只因參加同鄉會認識一些人,就被決定不予介聘。

尤有甚者,不僅監控資料全為片面之詞,用語抽象、理由牽強,真實與否難以認定;且監控多於當事人未能察覺、舉證情況下進行,形成對個人隱私權、名譽權、遷徙自由及工作權之侵害。同時,儘管 1987 年 7 月解嚴,1992 年 5 月修正《刑法》第一百條,安全查核專案會報至 1995 年底仍持續相關監控作為。[註5]

衝破黨國封鎖的「黑名單」勇士們

「黑名單」最終不再危害台灣人權,一如其他民主自由的到來,都是台灣內外人民的積極努力,前仆後繼,加上外國友人義助,逼迫黨國當局,有以致之。

回顧「黑名單」最終走入歷史,陳文成事件是一重大轉捩點。事件使得台灣人驚覺黨國當局監控海外之嚴密,也對其剝奪台灣人返回自己家鄉權利極其憤懣,亟思打破這一強加於海外台灣人的枷鎖。

1983 年 11 月 6 日,全美台灣人權協會會長許瑞峯,拿著改名為

「許榮基」的美國護照,闖關回到台灣。第二天,他由立委黃天福、監委尤　陪同,於監察院舉行記者會,並發表「返台告父老鄉親書」,是為第一個海外「黑名單」闖關成功的事例,當事人且為台美人社團負責人,轟動台灣海內外。

許瑞峯突破「黑名單」,是一項精心策劃、明智設計、勇敢執行的行動。在台灣停留三個星期。時值中央民意代表選舉,他受到情治單位跟監、竊聽和恐嚇,最後遭驅逐出境。

有了許瑞峰的第一次,海外台灣人接續嘗試闖關突破「黑名單」。1986年11月,以許信良為主的幾位流亡人士,以當年剛成立的民進黨海外支部成員為名,打算回台灣,兩度受阻,引發群眾於11月14日及30日在桃園機場聚集接機,與警方發生衝突,是為「桃園機場事件」。許信良等人雖闖關未成,當局大動干戈,以強力水柱、催淚瓦斯等粗暴壓制前往接機、聲援的群眾,爆發流血事件。事經《自立晚報》及民間攝影「綠色小組」報導記錄,在12月初的增額立委及國大選舉中激起台灣人反感,也使突破「黑名單」返鄉的正當性大為提升。

由於這一進展,海外台灣人團體再接再厲,積極推動「海外返鄉運動普遍化」。從1988年8月起,返鄉運動掀起高潮,陸續有不少「黑名單」上的海外台灣人,以護照改名、偷渡等方式回到台灣,還有人因此付出寶貴生命。

「黑名單」的莫須有罪名

陳翠玉1988年輾轉美、加等國,繞了半個地球才在新加坡獲得簽證,終於7月底如願返鄉,卻因長途奔波過勞而逝,成為海外台灣人為突破「黑名單」而犧牲的首例。她是台灣現代護理教育的

先驅，對戰後台大醫院及護理部改革獻良多，首位應世界衛生組織延聘的台灣籍護士，曾到中南美洲服務多年，通諳台、華、日、英、德、法、西、葡八種語言，積極在國際間促進台灣民主及婦女地位提升，卻被列入「黑名單」。8月21日，台北有「聲援海外台灣人返鄉」大遊行，隊伍出現「乞食趕廟公，主人被奴欺」、「海內外台灣人大結合」、「陳翠玉女士為返鄉而死」等標語。

1989年4月，鄭南榕為爭取「百分之一百言論自由」而自焚的事件，更激起海內外台灣人要求民主怒火，突破「黑名單」返鄉行動進入高峰。

當年5月，在美國曾參與美國《美麗島週刊》創辦，並擔任洛杉磯台灣同鄉會會長的陳婉真突破「黑名單」封鎖，出現於鄭南榕出殯現場。由於她沒有入境許可，兒子張宏久無以在台灣設籍落戶，也拿不到身分證，與當局周旋數月，才得以復籍。

前仆後繼的「黑名單」返鄉行動

8月，世界台灣同鄉會聯合會年會在高雄舉行，聯合會理事長李憲榮、副會長蔡銘祿、總幹事羅益世及台獨聯盟中央委員蔡正隆等「黑名單」榜上有名者秘密闖關返鄉出席，並參與要求廢除「黑名單」的會後遊行，政治社會震撼效應甚大。8月下旬，羅益世與蔡正隆由大學教授盧修一陪同，北上擬參加《自由時代週刊》座談會，遭當時中山警分局刑事組長侯友宜率百名霹靂小組、鎮暴警察，在雜誌社附近攔下盧修一車輛，隨即投擲催淚瓦斯、辣椒水，把羅、蔡兩人從車中拖出，並強押至桃園機場驅逐出境。這段被視為「威權統治時期國家不法行為」的案例，35年後擔任新北市長的侯友宜，被監察委員約詢，調查被害者羅益世權利回復陳

> ### 郭倍宏返鄉與「中和事件」
>
> 　　1988 年至 1991 年間出現許多黑名單闖關回台灣行動。1989 年 11 月 22 日，台獨聯盟美國本部主席郭倍宏現身中和體育場，為「新國家連線候選人」盧修一、省議員候選人周惠瑛站台。在上千名軍警包圍下，郭倍宏與在場群眾一起戴上黑面具，經眾人掩護消失於造勢會場，引起國際媒體高度關注，堪稱最具戲劇性的海外「黑名單」闖關行動，是為「中和事件」。

情。(註6)

　　同年 9 月，曾任桃園縣長的許信良，流亡美國多年後，從中國大陸沿海以漁船偷渡的方式突破「黑名單」，在高雄外海遭攔截，旋被押送土城看守所；民進黨發起萬人「迎接許信良回家」探監活動，遭警方強力驅離。三個月後，許信良被以「叛亂罪」判刑十年。

　　更轟動的是當年 10 月間，台獨聯盟美國本部主席郭倍宏偷渡回台灣，當局出動軍警情治人員，且重金懸賞，大舉追緝，卻都徒勞。11 月，郭倍宏在盧修一、周慧瑛的選前造勢場合公開露面，舉行中外記者會。會後，郭倍宏於台北縣體育場集會群眾紛紛戴上「黑面具」的掩護下，金蟬脫殼，擺脫軍警重重包圍而逃脫。這一「郭倍宏旋風」傳奇事例，讓他獲得「蝙蝠俠」稱號，也使「黑名單」瀕臨存續危機。

純情的台灣人——台美人

李應元終結「黑名單」的果敢行動

郭倍宏突破「黑名單」，當局追緝不成，顏面盡失，於是改採對策，對後來的闖關返鄉者以《國家安全法》懲處。1989年11月，羅益世再度從加拿大偷渡返鄉，黨國當局不採驅逐出境方式，而直接以「違反《國家安全法》」罪名逮捕並收押，台北地方法院士林分院判他十個月刑期。次年6月「黑名單」上的陳昭南，因曾參加紐約洪哲勝等人所創的「台灣革命黨」，返國後也被收押。

1990年7月闖關返鄉的李應元，對終結「黑名單」產生決定性作用。他1980年留學美國，取得學位後任教於大學，因加入台獨聯盟及擔任全美台灣同鄉會總幹事，被列入「黑名單」。「翻牆」回到台灣的李應元，化名「阿火」，在全台灣來去自如，經常在眾人掩護下公開現身：曾到立法院與立委謝長廷見面，兩人互易對方服裝合照，轟動一時；往立委陳水扁台北市民生東路住家拜訪，挑戰當局；在《自立晚報》發表〈黃昏的故鄉我回來了！〉文章，撻伐「黑名單」；甚至在總統府廣場的憲兵前拍照，成為報紙頭版新聞照片，讓情治系統面子掛不住。回鄉活動十四個月後，他從容被捕，關押於臺北土城看守所。（註7）

李應元被捕後，其台大老師李鎮源院士前往探視，並與林山田、陳師孟等組成「100行動聯盟」，1991年雙十節且發起「反閱兵、廢惡法」行動，挑戰以行政院長郝柏村為首的保守勢力。經多次和平抗爭，推動《刑法》第一百條預備內亂罪修正案，加上李登輝總統從中協助，主張台灣獨立不再是叛亂罪起訴的對象，李應元於1992年5月出獄。

突破「黑名單」的千方百計之一，至少還有台獨聯盟成員郭正

光,為了返鄉,花三個月時間改變髮型、留了大鬍子,改漢文及英文名字,瞞過台灣情治單位,取得入境簽證,悄然入境。^(註8)

1992年海外「黑名單」禁令解除

終結黨國當局海外監控、「黑名單」最有力的一擊,來自美國國會。眾議員索拉茲1991年表明,將提案要求台灣政府准許支持和平改革的台灣人民返鄉;次年3月,參議員裴爾、甘迺迪與李伯曼(Joseph Lieberman)在參議院外交委員會提出第九十九號決議案,呼籲台灣政府取消政治黑名單。迫於內外壓力,《刑法》第一百條修正案5月通過,列在「黑名單」的海外台灣人,終於得以平安回到家園的所在。

因而,台獨聯盟主席張燦鍙1991年12月,在「聯盟遷台」集體行動中,以借用日本友人護照,化名「阿美」,闖關返鄉被捕,當局以「首謀內亂罪」起訴。由於社會反彈與《刑法》第一百條修正,並經法庭爭辯,張燦鍙於次年10月獲得交保,且判無罪。同月,曾任台獨聯盟主席的許世楷等「黑名單」人士回鄉,已可堂皇入境;其揭櫫的「海外返鄉運動普遍化」,大致實現。

張燦鍙的一段話,足以表達海外「黑名單」上的台灣人,何以千方百計,不顧安危,如鮭魚般地迴游台灣:

「許多人問我,我在美國當教授,收入優渥,生活很快樂,為什麼一定要冒險回台灣?我表示:『生活在美國,非常快樂,但沒希望;在台灣生活,非常痛苦,但有希望。』……我仍執意要回台灣,因為美國終究不是自己的土地,我的腳就像踩在棉花上──浮浮的。」^(註9)

純情的台灣人──台美人　77

海外「黑名單」返鄉禁令，當局於 1992 年 7 月 7 日取消。解禁後，11 月初，彭明敏教授回國，距他在黨國當局全天候監控下傳奇性地離開台灣」、流亡海外近 22 年。11 月下旬，去國 34 年的黃昭堂博士從日本返台，「黑名單」的政治禁令至此逐步走入歷史。

參考文獻

註 1：　張炎憲，〈青春・逐夢・台灣國〉，《自覺與認同—1950 ～ 1990 海外台灣人運動專輯》張炎憲等編，台北市：吳三連台灣史料基金會，2005.6。

註 2：　楊遠薰，〈生命的執著—芝加哥大學廖述宗教授的故事〉，My Stories 101，台美史料中心，2014.9.5。

註 3：　〈釋字第 558 號〉解釋，憲法法庭網站，2003.4.18。

註 4：　〈獨家專訪國民黨海外工作會主任鄭心雄談：黑名單、職業學生和香港政策〉，《遠見雜誌》，1989.4。

註 5：　〈威權時期國民黨監控留學生、任教要安全查核監院糾正政院〉，《自由電子報》，2023.8.16。

註 6：　〈侯當年率領上百位霹靂小組將羅益世、蔡正隆強押驅逐〉，《自由時報》，2024.4.25。

註 7：　〈李應元壺腹癌病逝享壽 68 歲曾被列台獨黑名單〉，中央社，2011.11.11。

註 8：　《海外台灣人運動訪談錄》，台北市：國史館，2024.5，照片 IV。

註 9：　張燦鍙，《八千里路自由長征》，台北市：前衛出版社，2006.11。

第 4 章

遊說國會

　　台美人遊說國會與外交工作,既要爭取支持,也常遭受兩蔣政權的打壓及汙衊,被打成暴力團體成員,列入「黑名單」,回不了家鄉,甚至犧牲性命。

　　他們的努力,不但促成家鄉走向民主、自由、人權,讓蔣家政權在國際間多所忌憚,也鼓舞了在家鄉前仆後繼,為台灣前途打拚的仁人志士勇往直前。

> 如果永遠謹小慎微，畏畏縮縮，還能算個人嗎？
>
> ——索忍尼辛（Aleksandr Solzhenitsyn，1970 年諾貝爾文學獎得主）

人在美國，心懷家鄉台灣。台灣戰後由蔣家外來政權，以黨國體制厲行少數統治，二二八事件、白色恐怖、戒嚴禁錮，凡此惡行苛政都令生活在美洲自由國度的台美人深感必須挺身而出，為家鄉的民主自由奮鬥。美國是三權分立的民主國家，總統、議員定期改選，需爭取選民支持，募款和遊說都有上軌道的制度規範可循，民主程序相對完備。美國也是自由社會，爭取新聞媒體及民間社會的草根支持，是推動公共議題所必要。在這一民主自由大環境，台美人決心促進家鄉民主化，爭取以國會議員為主的政治支持，形成有利的輿論聲援，便成為主要工作。

台美人致力台美共同利益，遊說國會促台民主化

戰後台美關係的演變，台美人逐步體認，透過美國從外部影響政治發展，促進台灣朝自由民主之路邁進，是為可行之計。可以說，遊說國會成為台美人促進台灣民主化，乃至於近年「抗中保台」的重點工作，係美國民主自由的有利政治大環境使然。

蔣家外來政權是中國大陸國共內戰失敗的一方，雖曾嘗試以台灣為「反攻大陸」基地，但在 1950 年韓戰之後，美國派第七艦隊巡邏台灣海峽，促成「台海中立化」，繼之以《中美共同防禦條約》，蔣政權在經濟及安全對美國依賴加深。其後美國以民主改革催促兩蔣政權，黨國當局雖百般不情願，形勢比人強，只能被迫逐步接受。

台美人透過美國，形成強大的促進台灣民主改革外再力量，相較於後來美國打算對中國「以經促變」，重現台灣、南韓等因經濟發展而致政治民主、社會多元，卻事與願違，箇中差異，主要在國共兩黨基本屬性不一。誠然，兩個中國黨都是列寧黨，厲行以黨領政、以黨領軍的黨國體制，但威權統治的軟硬程度仍有差別；中國共產黨的極權，較諸中國國民黨更為強硬。1960 年代創辦《中華雜誌》的胡秋原，一生「被國民黨開除三次、被共產黨開除兩次」，曾以人民在國共兩黨統治下說話或公開表態的自由，區分這兩個列寧黨的極權或威權「硬度」有別，他告訴筆者：共產黨統治下，人們沒有不說話的自由；國民黨政權下，人們還可保持沉默。

　　或因如此，兩蔣政權在台灣，雖實行威權統治，形式和口頭上仍以屬於「自由中國」，站在自由世界「反共」、「民主」陣營自居，現實上多少在意主要來自美國的外在壓力，不像共產黨採行自創的「中國模式」，厲行絕對控制。

　　從而，內外文宣以民主自由為號召，安全及經濟方面倚恃美國，兩蔣政權在 1970 年代之後面臨民主改革的內外壓力，即使試圖抗拒或反撲，即難以如北京當局全面抗拒，甚至於 1989 年天安門廣場事件，悍然出動軍警、坦克武力鎮壓。兩蔣政權這一屬性，讓美國在台灣民主化過程，足以發揮有效的外部催促影響力，台美人也充分運用這一有利環境因素，與台灣人民裏應外合，最終促成台灣實現自由民主。

海外台灣獨立運動始於日本

　　台美人並非一開始就從遊說國會做起。初期以留學生為主幹，在各地組成同鄉會以聯誼之外，他們也關心家鄉事。面對蔣家政權

的戒嚴統治，台灣人民一直不斷反抗，在美國等民主社會的海外台灣人，有更自由寬廣的環境，採取行動以助家鄉邁向自由民主之路。於是，在各地同鄉會之外，以台灣獨立為目標的結社次第展開。

與台灣一水之隔的日本，很自然地成為海外台獨運動發源地。因二二八事件流亡的謝雪紅、廖文毅 1948 年 8 月於香港組成「台灣再解放聯盟」，但因左、右立場分歧，謝雪紅等左派投靠中國，廖文毅 1955 年 12 月在東京成立「台灣國臨時政府」。另一方面，有別於廖文毅的「台灣國臨時政府」，主要成員為社會人士，留學日本的學生有「台灣青年」，既是組織，也發行同名雜誌。最早是王育德教授於 1960 年創立「台灣青年社」，後來發展為「台灣青年會」，以黃昭堂、許世楷、廖春榮、周英明、戴天昭等為主要成員。辜寬敏擔任委員長後，1966 年再改為「台灣青年獨立聯盟」。
(註1)

1956 年 1 月，費城賓州大學（UPenn）台灣留學生成立「台灣人的自由台灣」（The Committee for Formosan's Free Formosa，簡稱 3F），採秘密結社，編撰寄送鼓吹台灣獨立的文宣，招募成員並募款，主事者林榮勳、陳以德、盧主義、楊東傑、林錫湖等人。3F 因與日本廖文毅的「台灣國臨時政府」往來，有抵觸美國「外國代理人」相關法律之虞，後來解散。

台美人奠立台灣獨立論述的理論基礎

1958 年 1 月，原 3F 改組成立「台灣獨立聯盟」（United Formosans for independence, UFI），仍以費城為總部，成員擴及紐約、芝加哥、波士頓（Boston）等地，也以秘密結社及發行地下刊物為主。

三年後，盧主義以筆名「李天福」在《外交事務》(Foreign Affairs)撰文，倡言「台灣地位未定」、「台灣中國分離的歷史事實」、「台灣足以成為一個獨立自主的國家」，為台灣獨立運動奠定理論基礎。1961年的二二八當天，UFI 主席陳以德在紐約舉行記者會，正式公開北美洲台灣獨立運動組織與活動。同年8月，台灣省主席陳誠到紐約參訪聯合國，陳以德發動北美洲台灣人第一次示威活動，以「福爾摩沙人自決」為訴求。

相較於日本，美國的台灣留學生人數後來居上，且其出入境管理及言論相對自由，加上官方雖未支持台灣獨立，卻不像日本政府那般忌憚中國的反應；台美人為家鄉爭取民主自由獨立的運動，蓬勃發展。從而，約1970年左右，台灣獨立運動的主力已逐漸移轉到美國。

於是，費城之外，從美西的加州、華盛頓州，中西部堪薩斯、奧克拉荷馬、明尼蘇達、威斯康辛，南部德州到東部麻州、馬里蘭州，加拿大等地校園，都有心懷家鄉、鼓吹台獨理念的組織活動。其間，彭明敏教授師生1964年在台灣發表〈台灣人民自救運動宣言〉被捕，更激發美國的台灣人亟思團結整合，以成其大。

台美人與台灣獨立運動發展

經過一連串奔波與會談，1966年7月，周烒明醫師主持的「台灣問題研究會」和 UFI 合併成立「全美台灣獨立聯盟」(UFAI)，訂定四大方向：刊登台灣追求自由民主的宣傳；總部遷往紐約；「自由長征」到各大學宣傳理念；發行《Formosa Gram》刊物。(註2)

「全美台灣獨立聯盟」結合全美九個地區組織，推派代表組成中央委員會及執行委員會；周烒明出任中央委員會委員長，陳以德為第

一屆執委會主席，張燦鍙副主席；這是「台獨聯盟美國本部」的前身。同年 11 月，在《紐約時報》以半版廣告篇幅，刊登〈台灣人民自救運動宣言〉要旨，向國際社會表達台灣人心聲。同月兵分多路，向全美台灣人較多的城市及校園進行文宣。1968 年，「全美台灣獨立聯盟」確定把總部由費城遷往聯合國總部所在的紐約，也鼓勵成員到華府附近就業，以便就近向聯合國、美國聯邦政府提出訴求、遊說和國際宣傳。同時，美、日之外，加拿大、歐洲、南美也先後成立「台獨聯盟」。

1970 年 1 月，全球性的「台灣獨立建國聯盟」（World United Formosans for Independence, WUFI）在紐約成立，蔡同榮、張燦鍙分任正副主席，鄭自才為執行秘書。

海外台人社團助成台灣民主運動風起雲湧

「台灣獨立建國聯盟」成立的同年 1 月，彭明敏在特務全天候監控下神奇地離開台灣，4 月蔣經國以行政院副院長身份訪問紐約遇刺，都有台獨盟員直接、間接參與，蔣家政權驚恐之餘，加強壓制台灣內外民主活動。在那個牽涉台灣獨立足以招致殺身之禍的年代，海外台灣人為家鄉爭取民主自由努力，因而在秘密結社之外，不僅各地同鄉組織，也發展成立各種專業、中性的團體，相互支援，相輔相成，壯大聲勢與實力，有利助成大業。

從而，海外台灣人社團自此逐步開枝散葉，為促成家鄉民主著有貢獻。其間，同鄉會是最基本的，1974 年 9 月成立的世界台灣同鄉會聯合會（World Federation of Taiwanese Associations, WFTA），簡稱世台會，由美國、加拿大、歐洲、日本、澳洲、紐西蘭和中南美洲等地區台灣同鄉會組成的聯盟，在奧地利維也納（Vienna）成

立,首任會長郭榮桔。

此外,還有教授協會、醫師協會、婦女會、人權會、公共事務會及其他不一的名稱,都是心懷台灣,願為台灣行動的組織。這些組織,有以當地城市為名,有的涵蓋全州,有的跨越都市或州,還有冠上美東、美西、中西部等名稱;更大的,以全美、北美、世界、台灣人、福爾摩沙為名。

長老教會長期支持台灣民主運動、守護本土文化

同時,長老教會在海內外台灣民主運動也扮演重要角色。隨著台灣民主潮流推進,國內外環境變化,長老教會先後發表著名的三項聲明,表達對國是的關懷:〈國是聲明〉(1971)、〈我們的呼籲〉(1975)、〈人權宣言〉(1979);高雄「美麗島事件」後,高俊明牧師因庇護施明德被捕,林弘宣牧師涉案遭判刑。長老教會對大局既高瞻遠矚,也付諸行動。

在海外,黃彰輝、林宗義、宋泉盛、黃武東等具國際聲望的海外教會菁英,1972 年 12 月發起「台灣人民自決運動」(Formosan Christian for Self-determination),爭取決定自己命運的權利和自由。

必須強調,長老教會從十九世紀下半葉以降,對台灣文化、社會的貢獻至偉。早期的西洋傳教士馬雅各、李庥、甘為霖、巴克禮、蘭大衛……,以醫者、啟蒙者、探索者、台灣的介紹者等角色,奉獻台灣[註3]。戰後外來政權當道,教會焚而不燬,不屈不撓,不改其志,繼續以救援者、民主促進者等角色,關愛並奉獻台灣。近年在民主化之後,台灣母語式微,教會還成為維繫並復振母語的可貴力量。

同樣在美國，長老教會在台美人社區有教堂，幾乎都以台灣母語傳道，如今有些輔以英語傳道，以年輕一代台美人為對象。美國南加州橘郡爾灣台灣長老教會2022年5月發生槍擊案，造成一死五傷。兇手「中國和平統一促進會」成員周文偉當場遭鄭達志醫師奮勇犧牲抵抗，牧師張宣信率教友反擊，不待警方到達，已先制伏周文偉。事件最受矚目的，是台美人面對挑戰表現的英雄精神和勇氣。

台美人文宣不輟為故鄉發聲

從而，1960年代起，在台美人就常在二二八、聯合國大會或蔣家權貴往訪時，以抗議、示威、遊說、記者會、投書報刊、刊登文宣等各種方式，表達台灣人的心聲、訴求與主張。其中，陳隆志教授1969年10月聯合國大會期間，投書《紐約時報》，主張台灣的法律地位未定，應交由台灣住民自決。其後，台獨聯盟主席蔡同榮帶領群眾，在聯合國總部及台灣駐紐約領事館示威抗議，以「台灣交還台灣人」、「台灣人要自由」為訴求，國際媒體關注。

張燦鍙1975年5月於福特總統訪問中國時，應邀在《紐約時報》撰文〈台灣的未來〉，籲請尊重台灣人民自決權利、終結戒嚴令、釋放政治犯、自由普選等，也是在國際媒體為台灣發聲的顯例[註4]。另外，蔡同榮1980年代曾長期在《基督教科學箴言報》撰發專論文章，評析台灣政治情勢，中文翻譯刊載於紐約的《台灣公論報》，同為善用知名媒體傳播台灣人主張的範例。[註5]

有此開端，台美人支援家鄉的運動逐步擴展。廣受矚目的，1971年10月，聯合國大會討論「中國代表權」問題，美國、日本、歐洲等全球二十多地台灣人聯手進行「鎖鍊台灣」活動，鄭紹

良等十一位台灣人以鎖鍊自身纏繞於聯合國大廈入口,象徵被桎梏的台灣,要求自決,頗受國際社會矚目。

另外,彭明敏脫離蔣家政權監控後,海外台灣人社群士氣大振。1972年紐約有一場台灣人群眾大會,約一千人參加,彭明敏在發表石破天驚、震撼全場的演講後,由台獨聯盟主席鄭紹良陪同,帶領群眾走到聯合國廣場示威,要求台灣加入聯合國。

除了上述活動,隨著各種社團開枝散葉,海外台灣人逐步展開與美國政治人物接觸,擴大影響力,遊說國會議員更為主要工作。

美麗島事件,台美人動員展開國會遊說

1977年6月,美國國會眾議院舉行台灣人權聽證會,邀曾任礁溪鄉長的張金策及嘉義縣議員吳銘輝,以台語訴說台灣的黨國當局箝制言論自由,《台灣政論》停刊,迫害黨外人士。人權工作者司馬晉(James Seymour)、高雄市長王玉雲等也參加,這是台灣人權議題首次登上國會殿堂,引起相當大震撼。聽證會幕後有台獨聯盟的奔波遊說安排;張、吳兩人前此偷渡出境,身分甚受注目。(註6)

回顧台灣邁向民主的歷程,高雄「美麗島事件」是關鍵的里程碑。事件不僅讓許多台灣人民覺醒,最終形成沛然莫之能禦的民主浪潮,也是在美國的台灣人團體從事遊說活動的新起點。事件之後的1980年3月5日,愛德華・甘迺迪參議員發表聲明,表達對台灣政局的關切,這一列入國會紀錄的聲明強調:

「我最大的期望是立即釋放因高雄事件被拘禁的人犯,或對他們從輕發落。但在目前的情況下,我這一建議似乎不可能被採納,所

以我希望至少被告應立即受到普通法院的公平審判,得聘請律師,所受的處罰也應與所犯的罪行相稱。……為長遠計,我們應鼓勵在台灣的中國人與土生土長的台灣人共同分享政治權力。……擴大在台灣政府的基礎,以及廢止三十多年的戒嚴令,才是未來台灣安定與安全最好的保障。」(註7)

蔡同榮發起「一人一信」致甘迺迪,盼關注台灣政局

甘迺迪大力聲援台灣民主,對事件後陷入肅殺之氣的台灣人民,有如在黑暗無助中傳來希望的亮光。參議員有此行動,是經蔡同榮等人發動「一人一信」,美國各地有八千台灣人寫信到他的辦公室,表達對台灣執政當局藉事件逮捕異議人士的高度關切,創下了甘迺迪辦公室因單一事件或政策所收信件數量最高紀錄。除了寫信,當時正爭取民主黨黨內總統大選提名的甘迺迪,還見識了台灣人動員募款的卓越能力。

1980 年 5 月 24 日,在洛杉磯的世界廣場飯店,台灣人社團合辦千人募款餐會,出席者每人繳費一百美元。這一盛會,由洛城台灣商界領袖王桂榮任總召集人,出席者來自全美各地,主辦單位要求眾人穿著正式服裝與會,當晚一舉為甘迺迪募得十萬美元競選經費。更讓參議員刮目相看的,出席台灣同鄉成員,教授、醫師、工程師、商界菁英比比皆是,水準甚高,是很有希望和未來前景的族裔。經過這麼深刻的親身接觸及互動,甘迺迪從此對台灣民主人權發展高度關切。

FAPA 活躍國會為台灣爭取支持

「美麗島事件」之後,1980 年 2 月台灣發生林義雄家人遭殘殺血

案,海內外震撼。因美麗島事件而高度關懷家鄉情勢的知識界台美人,1980年4月成立「北美洲台灣人教授協會」(North America Taiwanese Professors' Association, NATPA),由芝加哥大學教授廖述宗擔任首屆會長,張富美、張旭成、吳得民、賴義雄等為理事,關懷台灣民主運動。

1981年7月,任教於卡內基美隆大學的陳文成教授返鄉探親,警備總部以他曾資助黨外人士為由約談,事後陳屍於台灣大學校園,是為「陳文成事件」,震驚海內外。事件引發的諸多效應之一,是加速了「台灣人公共事務會」(FAPA)成立。創立於1982年3月的FAPA,旨在對美國國會進行遊說與連繫工作,積極以民間資源與國會建立關係,包括在選舉期間協助募款,結交友善台灣的議員,積極為台灣民主、人權發聲,蔡同榮擔首屆會長。

值得強調,FAPA的簡稱,台語發音有如「喝打」(huah phah),貼切地表達了創會宗旨。而其名稱的「公共事務」,也具體展現於創會目標:爭取國際支持,使台灣成為主權獨立的國家,並進入國際社會;增進世界各地台灣人的權益;促進台灣的和平與安全。

由於NATPA與FAPA、各地同鄉、專業、職業組織相繼成立,台美人對外發聲、進行國會遊說的工作,從此更為積極、全面而有效。通常,遊說前須做功課,研究議員關注的議題、觀點、投票記錄、立場,以有效定位遊說內容。同時,還要透過參與政策活動、國會聽證會、會見政府官員等方式,建立與國會議員及團隊的正面關係。(註8)

美國會多次決議力促台灣解嚴、民主、自由

1982年5月20日,台灣實施戒嚴三十三週年日,甘迺迪、裴

爾、索拉茲及李奇等國會「台灣四劍客」在華府國會山莊舉行共同記者會，要求台灣政府廢除戒嚴令，眾議院亞太小組也就此議題舉行聽證會，得到新聞界及國會包括眾議院議長歐尼爾（Tip O'Neill）的廣大而有力迴響。第二年的 5 月 20 日，參眾兩院再提出決議案，要求廢除戒嚴令。此後每年這一天，「四劍客」等議員都在國會有動作，直到戒嚴令最終於 1987 年解除。

1983 年 11 月經由 FAPA 極力遊說，美國參議院舉行「台灣前途決議案」公聽會，邀《台灣公論報》發言人羅福全等列席。同月 15 日，參議院外交委員會通過〈台灣前途決議案〉，明確記載，「台灣前途必須經由免於強制、且為台灣居民所能接受的和平方式解決」。本案 20 日參議院表決通過，國務院背書，明言台灣人民依自由意志決定前途，無人有權阻止與干涉，是意義重大的歷史文件，也是台美人展現成功的國會外交。

索拉茲和李奇提「台灣民主決議案」

1985 年，索拉茲和李奇在眾議院提出台灣民主決議案，主張容許反對黨，終止新聞檢查，確保言論、出版、集會自由，推動充分的代議政治。其後，甘迺迪及裴爾也在參議院提出類似版本決議案，還進一步強調台灣應全面改選中央民意代表，總統由普選產生。參眾兩院決議案的提出，最終由雷根總統於 8 月簽署成法，時間先於 1986 年 9 月民主進步黨成立。索拉茲等且再於民進黨成立後立即發出聲明，重申台灣人民有權組黨，以嚇阻國民黨當局或有的抓人行動，台灣終於出現真正的反對黨。

1986 年 5 月，國會山莊有「台灣實施戒嚴三十七週年」記者會，參與的議員宣佈成立「台灣民主委員會」（Committee for Democracy on Taiwan），由參議員甘迺迪與裴爾擔任榮譽主席，眾議員索拉茲與李奇任聯合主席，以協助促進台灣的民主、自由與人權，並呼籲台灣當局不要阻擋民主潮流，否則可能嚴重損及美台關係。

1987年6月，眾議院通過《台灣民主決議案》，參議院隨後也通過該案：呼籲台灣政府終止戒嚴令、取消黨禁、加速實現民主政治，包含保障言論和集會的自由，為實現具代表性政府而應全面改選中央民意機關。蔣經國政府被迫於7月宣佈解嚴，自1949年5月頒佈的戒嚴令，共持續三十八年又五十六天而告終。

美國國會的台灣恩人

從大局看，1980年代初期與中期，美國國會扮演關鍵角色，此時在台灣的民主轉型期，甘迺迪、裴爾、索拉茲、李奇等「台灣四劍客」經常舉辦聽證會並發表聲明，敦促國民黨政府廢除戒嚴法、建立多黨的政治體系。民主化終於在1986至87年間初步實現，此後台灣完成重大轉型，成為完全的民主政體，1992年首度進行立法院全面改選，1996年人民首次投票選舉總統。

在李登輝總統時代，美國國會屢次扮演要角，包括三十六位國會議員聯名，說服柯林頓政府，允許李總統訪問母校康乃爾（Cornell）大學。康乃爾之行餘波盪漾，中國不斷恫嚇並發射飛彈威脅台灣，導致1996年春的台海危機，柯林頓為此派遣兩個航空母艦戰鬥群前往台灣週邊區域因應。

其間，美國國會議員對台灣的義助不斷，他們力促美國行政部門支持台灣加入關稅暨貿易總協定（GATT）；促成美國對台灣出售F-16戰鬥機；且在增進安全等攸關台灣前途及福祉等議題，持續與台灣人民站在同一邊。

除了上述法案及決議案，美國國會通過關懷台灣的議案從未間斷，其犖犖大者如下：1989 年天安門廣場事件後，美國參議院通過《台灣前途修正案》，向中國發出警告（7 月）；參眾兩院決議，《台灣關係法》優於「八一七公報」（1994 年 2、4 月）；參眾兩院決議，歡迎李登輝總統來訪（1995 年 5 月）；參眾兩院決議，確認對台灣承諾及支持，並協助加入國際組織（1998 年 7 月）；眾議院通過《台灣安全加強法案法》（2000 年 2 月）；國會通過「美國在台協會」永久新館建築費七千五百萬美元，也祝賀陳水扁當選總統（2000 年 3 月）。

　　近年，隨著崛起的中國對威脅日益明顯，他們轉而以支持台灣安全及外交，確保台灣不被中國併吞為重點。2002 年 4 月，眾議院成立「台灣連線」（Taiwan Caucus），多年來一直關切台灣人民福祉，並督促美國行政部門對台灣採行應有的作為。例如，川普總統第一任期，2018 年 3 月簽署國會通過的《台灣旅行法》，解除台灣與美國高層官員互訪的限制。

台美人於美國經濟發揮關鍵影響

　　眾議院議長歐尼爾著有名言，「所有政治都有地方屬性」（All politics is local），台美人的遊說，也常與地方經濟社會結合。在近年台灣對美國投資的趨勢中，台美人的促成，曾發揮關鍵力量。其中，亞利桑那州（Arizona）是一範例。

　　亞利桑那州人口七百多萬，有九席聯邦眾議員，其中四位是「台灣連線」成員，包括小高華德（Barry Goldwater Jr.）；其父保守派大將高華德（Barry Goldwater）在台灣鼎鼎有名，參議員任內長年支持台灣，1964 年曾獲共和黨提名競逐總統，是催生《台灣

關係法》的關鍵人物之一。

雙方經貿往來頻密。台灣是該州第八大出口市場及第五大進口來源國，也是重要投資目的地。台灣漢翔及台積電在鳳凰城設廠：台積電廠2024年12月投產，漢翔早年即在當地合資生產引擎，新投資將於2027年開始生產飛機零件等航空零組件。

州長郝愷悌（Katie Hobbs）2025年3月訪問台灣，賴清德總統告訴她，希望把該州打造為台美高科技合作及非紅供應鏈的最佳示範地點，期盼擴大在教育、航太、新能源與生技領域交流合作。(註9)

聯邦眾議員畢格斯（Andy Biggs）說明，台積電的投資設廠，北美洲台灣商會前總會長張聖儀等台美人助力甚多，讓該州與台灣關係長久緊密。他強調，「台灣面臨巨大挑戰，正在打一場有如『大衛對抗哥利亞』的戰爭，我們會繼續支持我們的朋友。」(註10)

經貿關係之外，隨著台積電設廠所移入的數以千計員工。據《紐約時報》報導，鳳凰城郊區已出現「小台北」，台灣餐廳、咖啡廳、美甲沙龍等台灣飲食文化和生活方式，反映台灣人正推動當地文化及人口轉變；鳳凰城原有的另一台美人社區也熱心為新來移民提供語文、教育、拿駕照、找房子等協助，呈現「台灣人幫台灣人」景象。珍珠奶茶、雞米花、牛肉麵、肉絲麵、熱炒在當地都已吃得到(註11)。另外，鳳凰城附近的路克空軍基地（Luke AFB）1990年代以後，一直是台灣空軍F-16戰鬥機飛行員代訓及「海外進修」大本營。

爭取美國以外的支持力量

台美人的遊說工作，以對美國議會居絕大部分，在 FAPA 成立並致力國會遊說之後，張燦鍙也爭取第三世界國家或地區反對力量的支持。他曾擔任總部設於華府的發展政策國際中心（International Center for Development Policy, ICDP）董事，與流亡海外或遭迫害的各國反對勢力領袖互動，以處境相同而生情誼，志同道合，交換經驗。他因而曾與圖博、南韓、菲律賓、巴勒斯坦、南非等流亡團體接觸，結識了南韓的金大中、金泳三、菲律賓艾奎諾（Ninoy Aquino）、曼格拉普司（Raul Manglapus）、巴拉圭賴宜諾（Domingo Laíno）等各國人士。(註12)

台美人的遊說與外交工作，備極艱辛，既要爭取支持，也常須承受威權時代兩蔣黨國的打壓及汙衊，遭列為暴力團體成員，列入黑名單，家鄉回不了，甚至犧牲性命。同時，以台灣為名，遊說對象一開始也常陌生，有如曾長年在華府為台美人遊說的 FAPA 資深顧問昆布勞（Coen Blaauw）所回憶，早年國會在意台灣議題的議員不普遍，有時還把台灣誤為「泰國」。(註13)

辛苦的成果彌足珍貴，台美人的遊說及外交工作，不但促成家鄉走向民主、自由、人權，讓蔣家政權有所忌憚，也間接鼓舞了在家鄉前仆後繼，為台灣前途打拚的仁人志士勇往直前。有如曾在日本從事反抗運動的戴天昭所言：

「前輩從事反對運動會被囚禁或槍斃，但現代已經沒有這種事了，海外人士已為島內政治運動者建構出一個『不會死的保護網』。」(註14)

參考文獻

註 1： 張炎憲、曾秋美採訪整理《逆風蒼鷹—辜寬敏的台獨人生》,台北市：吳三連台灣史料基金會,2015。頁 14。
註 2： 〈海外台獨先驅腦神經權威周烒明辭世享壽 88 歲〉,《自由電子報》,2018.9.13。
註 3： 盧世祥,《台灣的恩人群像錄》,台北市：允晨文化。2018.3。
註 4： 張燦鍙,〈海外台獨聯盟發展的背景及其影響〉,「爭取民主的年代」研討會—圓桌論壇,2017.4.15。
註 5： 盧世祥,〈追念故人—蔡同榮〉,紀念蔡同榮博士「台灣前途」研討會,2014.5.17。
註 6： 〈救援張金策與吳銘輝赴美出席國會台灣人權聽證會〉,《台獨聯盟大事記 1971-1980》,台灣獨立建國聯盟網站。
註 7： 呂秀蓮,《重審美麗島》,台北市：前衛,1997.1.1。頁 266-9。
註 8： 〈台灣大選 2024：揭密台灣政治背後的海外「台美人」,難以忽視的「草根外交」團體〉,BBC,2024.1.3。
註 9： 〈林佳龍款宴亞利桑那州長盼台美科技合作創雙贏〉,中央社,2025.3.20。
註 10：〈亞利桑那挺台從 1960 年代說起〉,《今周刊》,2024.11.14。
註 11：〈亞利桑那的小台北：台積電工廠催生台灣人社區〉,《紐約時報》,2025.1.6。
註 12：張燦鍙,〈海外台獨聯盟發展的背景及其影響〉,「爭取民主的年代」研討會—圓桌論壇 2017.4.15。
註 13：〈昆布勞在美為台遊說 30 載蕭美琴代頒景星勳章〉,中央社,2023.9.30,
註 14：〈戴天昭先生訪問紀錄〉,《海外台獨運動相關人物口述史》,台北市：中央研究院近代史研究所,2009.11.5。

第 5 章

團結為台灣

　　海外台灣人的共同目標,是擴大在當地社會影響力,促成家鄉民主、自由、獨立;為此成立團體,以達成目標。團體內部及與其他團體之間,化解歧異,為共同目標努力,是基本考驗。

　　路線和立場之外,人事也常造成分歧。台灣人不團結,但遇到共同強敵或重大事件,會被動團結,分工合作,共赴家鄉。

> 「為了台灣前途奮鬥的這一件事是非常羅曼蒂克的，雖然是犧牲自己的時間、健康，但那個就是要讓台灣民族健康起來的精神。」
>
> ——莊秋雄（辛辛那提「台灣之音」負責人）

從台灣移民美國的台灣人，通稱台美人。另一方面，也有一部分台灣移民，出於對中華民國的情感或立場，政治上反對把台灣視為主權獨立國家，偏向自稱中國人或華人。不過，美國華人包羅甚廣，除了早期以廣東、福建為主的移民，通稱老僑，近年隨著中國崛起，移民或偷渡前往美國者眾多，美國社會對中國負面評價的民意民情高張，自稱或被稱為華人（Chinese），未必給人正面觀感。相形之下，台美人（Taiwanese Americans）在台灣以民主、自由、科技發展廣受世人矚目的今天，簡單明白而意涵正向，乃受到越來越多台灣移民認同，且正積極推動把這一族裔稱謂列入美國人口普查項目。

海外移民難以迴避的命題：「我是什麼人？」

美國的台灣移民由於認同及政治分歧，以致對「我是甚麼人？」的個人和族群基本問題產生差異，其來有自。台灣歷經外來政權，戰後在從中國而來的黨國當局統治下，被強迫當「中國人」。蔣家政權威權統治，尤其二二八事件的屠殺及白色恐怖，讓不少台灣人對「中國人」這一強迫認同，極其反感。彭明敏教授的父親彭清靠在高雄親歷二二八事件，為自己身上的華人血統感到可恥，希望子孫與外國人通婚，直到後代再也不能宣稱自己是華人[註1]。

花蓮鳳林受難者張七郎醫師遺孀詹金枝也有「寧願子孫做外國奴，不做中華民國紳士」的沉痛之語。

早期前往美國新天地的台灣移民，尤其為逃避或反抗暴虐而離開家鄉美麗島者，一旦有機會自由選擇，許多人不再認同「中國人」這頂被強戴的帽子，而以「台灣人」自稱，也不喜歡被誤認為「中國人」。台美人的「台灣人」認同普遍且有甚於台灣，事所必然。

這一從被強迫當「中國人」到認同「台灣人」的趨勢，在民主化之後的台灣同樣發生。政治大學選舉研究中心從 1992 年起調查「台灣民眾台灣人／中國人認同趨勢分布」，顯示認同自己是台灣人者整體呈現上升趨勢，1992 年為 17.6%，到 2023 年已達 61.7%；認同中國人的比率同期間由 25.5% 降為 2.4%，兩者都認同的從 46.4% 降為 32%。

台灣認同成為主流　勢所必然

其他民調也有同樣明顯的趨勢。美國知名的「皮尤研究中心」（Pew Research Center）2023 年夏調查，67% 的台灣民眾認為自己主要是台灣人，28% 自認是台灣人也是中國人，3% 說自己是中國人。三十五歲以下的成人尤其可能認為自己是純台灣人，比率達 83%；而女性比男性更可能這麼認為，比率為 72% 對 63%。[註2]

台灣民意基金會 2024 年底的民調也顯示，76.1% 受訪者自認是台灣人、認同中國」者 10.1%，兩者皆是的「雙重認同」者僅 9%。基金會董事長游盈隆指出，台灣人與中國人的認同之爭中，「台灣認同」已獲得壓倒性的全面勝利。[註3]

同樣是台灣認同的展現，見諸運動場合。台灣在奧運等國際比賽被強迫以「中華台北」為隊名，2024 年勇奪棒球十二強賽世界冠軍，台灣民意基金會賽後於 12 月中旬民調顯示，45.9% 民眾喜歡稱呼代表隊為「台灣隊」，有 34.6% 選擇「中華隊」，僅 0.6% 認同「中華台北」。新台灣國策智庫同時間民調也顯示，71.5％主張應以「台灣隊」參與國際賽事，79.6％贊成政府積極推動台灣正名。(註4)

台美人的台灣認同深化與延續

誠然，由於台灣社會的國家認同分歧，在美國的台灣移民，從最基本的「我是甚麼人？」到針對統獨議題、台灣政黨傾向立場，也常與台灣的政治社會變遷有連動關係。值得強調，台美人在美國生根並強化的台灣認同，除了源自戰後二二八事件及對黨國統治的反感，也是自由選擇的必然；而其普及和強化，甚至早於且程度有甚於台灣本土。台灣認同之外，近年台美人的年輕世代，有別於「華人」的身分及文化認同亦日趨明顯。

有此背景，美國的台灣移民社群，因此存在台派或台美人、中華民國派及老僑的區別。當然，在涇渭分明之外，也有人因私交或各種需求，交叉或同時參與不同組織，往來於不同團體。

由早期中國移民組成的老僑，分佈在舊金山、芝加哥、紐約等大城，主要是有 1882 年成立的「中華會館」（Chinese Consolidated Benevolent Association, CCBA，又稱中華公所）。其宗旨包括：團結僑胞，共謀華人福利，促進中美友誼，闡揚祖傳文化，提倡公益，舉辦慈善服務活動。中華會館過去堅定支持台灣的中華民國，近年情況略有改變，有些成員轉向支持中華人民共和國。

台美人社群立場分歧，台派華派涇渭分明

台灣移民就台灣認同等議題的立場差異，主要有1970成立的「全美台灣同鄉會」（Taiwanese Association of America, TAA），其宗旨包括：（一）聯絡鄉親，促進合作並維護在美台灣人之福利；（二）關心台灣，維護台灣人之人權及利益；（三）宣揚台灣文化，促進台美文化交流。該會強調台灣主體意識，政治上從昔日反抗蔣家威權體制，到民主化之後支持本土政黨，多數成員自稱台美人，普遍使用台語。

此外，台派不僅同鄉會，還有專業、學術、藝文團體、商會、婦女會、長輩會、校友會，以及宗教性、政治性等組織。

台派的許多成員及組織，以台灣母語為內部主要溝通語言，也有人參加台語教會，更有台派組織推廣台語教學及原住民文化。他們舉辦活動，從早年台灣的「黑名單」時代，齊唱〈黃昏的故鄉〉而潸然淚下，到台灣民主化之後高唱〈伊是咱的寶貝〉，手牽手護台灣。這首1990年代初推出的台語歌，因緣際會，成為2004年台灣總統大選前夕，為抗議北京當局制定《反分裂國家法》而促發台灣百萬人遊行的主題曲。其後飄洋過海，成為北美台派活動眾人齊唱的主題歌曲。

另一方面，1978年成立的「台灣同鄉聯誼會」（Taiwan Benevolent Association of America, TBAA），以爭取台灣同鄉利益為宗旨，標榜心繫台灣，不介入家鄉政治；主張超越省籍，相互提攜。實務上，該會抱持支持中華民國及反對台灣獨立立場，被視為與TAA站在對立面。親近中國國民黨，但強調不是該黨的附屬組織；成員傾向自稱華人。中華民國派所辦的活動，多半高唱〈中華民國

頌〉；此曲創作於 1970 年代，由劉家昌製作，頌揚中華民國是中華民族的正統傳承者。

台派與中華民國派的分野，從台灣的威權時代到邁向民主，除了台灣認同有別，也分別表現在歷來與台灣當局關係、支援台灣民主運動，以及民主之後返鄉助選等活動。

被視為國民黨眼中釘的台美同鄉會

以與台灣當局的關係來說，早年在黨國視「台灣」為禁忌的年代，掛上「台灣」的美國台灣同鄉會，被當成眼中釘，甚至遭打成與「台獨」一樣是「有問題」的組織，成員都屬異端。黨國體制的特色之一，是極力限制人民的結社自由，中國國民黨中央黨部設有「社會工作會」之類機構以控制民間團體；對不聽話的，施以滲透、打擊等手段，壓制異議。黨國當局在台灣透過「社工會」掌控民間團體，在海外也以類似手法對待同鄉會。1990 年代之前，同鄉會成員動輒遭列入「黑名單」，家鄉回不了；宣稱要推翻黨國統治的台灣獨立運動，也曾遭當當局打成「恐怖主義」、「恐怖組織」。另外一招，即是另立團體打對台，同鄉會與同鄉聯誼會的各別苗頭，即是這一背景之下的產物。

台派支持家鄉的民主運動，始於 1970 年代，從黨國統治時期的聲援「黨外」民主人士，救援政治異議人士及受難者，反對戒嚴體制，向國際社會揭發台灣當局少數統治，到協助民進黨創黨，促成首次政黨輪替，為台灣民主活動募款，也千里迢迢返鄉投票。

早期在美國進行的，主要是遊說爭取美國政界及輿論支持，促成國會聽證會、議員對黨國當局施壓及通過法案，並與國際組織合作進行人權救援。1980 年為「美麗島事件」的抗議活動而寫信，

> **社會工作會（社工會）**
>
> 中國國民黨部內部組織。1972 年成立以後，來國民黨做為民間輔選動員組織，同時透過民眾服務站監控基層。2000 年總統選舉失利後，整併至「組織發展委員會」

同年 5 月為甘迺迪參議員在洛杉磯所辦的募款餐會，尤令其見識了台美人的實力及素質。他嘗言，除了猶太人的遊說團體，台美人是美國第二個最有組織的力量；這也促成他在 1980 年代的關鍵時刻屢次義助台灣民主，成為「台灣四劍客」之一。[註5]

海內外台灣民主力量串連相濡以沫

接待來自台灣的訪客並交流，是協助家鄉民主的另一主要做法。除了公開的歡迎聚會，還有在台美人的家庭聚會，由主人找一群當地台灣同鄉好友，共進晚餐，然後談論台灣大事，往往三更半夜或天之將亮而後已。曾任全美同鄉會會長的楊黃美幸回憶，她在紐約長島的家，接待過江鵬堅、洪奇昌、黃信介、許信良、尤清、謝長廷、張俊雄、陳水扁、高俊明等黨外人士；他們訪美，紐約是大城市，台美人眾多，有利就近安排演講會或拜訪美國政要，去華府也常由此轉機。[註6]

在「黑名單」籠罩的時期，台灣來人與「黑名單」上的台美人見面，顧忌多多，有時須秘密進行。擔任台獨聯盟主席的張燦鍙回憶，《八十年代》記者徐璐有一次傳話要會面，他告訴徐璐，「在

某一個時間、穿某一種顏色的衣服、手上拿著某一本書的那個人就是我」；徐璐見面時沒想到，張燦鍙竟留長髮、穿西裝。[註7]

最受矚目的，是康寧祥、張德銘、尤清、黃煌雄等黨外人士，1982年夏應北美洲台灣人教授協會邀請，巡迴美國做了八場演講，與合計五千台美人面對面溝通，並拜訪美國學界及政要，強調台灣前途的決定，須尊重台灣人民意願。這一「黨外四人行」，用康寧祥的話，「除了在台灣同鄉之間引起熱潮之外，更重要的是把海內外台灣人關懷故鄉的共識與心情串連起來。」[註8]

除了接待來自家鄉的異議人士，台美人也主動邀請黨外人士，到美國及加拿大參加教會所辦的城鄉宣教活動，以愛與公義為原則，非暴力為手段，組織人民爭取權利。

台美人是最堅決的選民群體

台灣進入民主時代之後，每逢大選組成後援會，為候選人募款並返鄉投票，是台美人一項新任務。從2000年起，各地台美人組成「(陳水)扁(呂秀)蓮」、「(謝)長(廷)(蘇貞)昌」、「蔡(英文)蘇(嘉全)」、「信賴」等後援會不斷。曾參與後援會作業的台美人領袖郭正光估計，每次台灣大選，全美各地後援會總加起來大概都會有一、兩百萬美元送回台灣，捐給民進黨做競選經費，而且很多人還要花數千美元返鄉投票。這種愛台灣的心和奉獻，是國民黨人難以瞭解和相信的，常認為機票是民進黨或政府出錢。[註9]

台美人對家鄉這一積極主動而熱烈的程度，常令國際新聞媒體讚嘆。

2024 年 1 月台灣大選,《紐約時報》發自台北的報導,以「為何很多台裔美國人願意不遠萬里返回台灣投票」為題,一開始就點出一項台美人的極大特色:他們是世界上最堅決的選民群體之一;每隔四年,數以千計的台裔美國人會預訂昂貴的機票,收拾行李,飛越太平洋,為台灣總統選舉投票。從而,自 1996 年台灣舉行首屆民主總統選舉以來,每四年一次的返台之旅已成為一種僑民傳統。

《紐約時報》指出,有多達七十萬台灣人住在美國。近年,隨著中國對台灣施壓,許多第一代台美人感覺自己與故土的聯繫更加緊密了;他們被視為能在美國推動台灣利益的重要選民群體,美國經由軍事支援、軍火銷售和外交訪問支持台灣。

不過,《紐約時報》也報導,美國的台灣移民政治立場莫衷一是。受訪的台灣移民有的支持民進黨,有的要票投中國國民黨。至於台美人第二代,有的仍自認為華裔,但隨著台灣蓬勃發展的民主政體國際形象不斷提升,加上美國反中情緒高張,有些台美人表示他們現在更多認為自己是台灣裔而不是華裔,類似的**轉變**也發生在台灣本土。(註10)

台美人對台灣政局的實質影響力

無獨有偶,英國 BBC 也探討美國台裔參與台灣大選及政治的積極性。事實上,每四年台灣大選活動開展,主要政黨候選人常到美國拜訪「取經」,與美國政界或智庫人士碰面,被台灣輿論戲稱「赴美面試」。候選人到哪個重點城市或與哪些美國政客見面,其實都有台灣移民團體背後運作的影子。中國國民黨總統候選人侯友宜 2023 年訪美,拜會了「台灣同鄉聯誼會」,獲得不少成員支

持。該會宣稱從未要會員表態，但強調「當總統，國家認同方向最重要，政策還是其次。『聯誼會』成員上百人要回去投票，不用特別問就知道我們要支持誰；幾組候選人中，只有侯友宜及趙少康反台獨，認同中華民國立場清晰。」

相對地，台裔在美國的政治遊說，也為自己累積政治資本及人脈，因此台灣的政黨或政治人物，拜訪美國或需拓展外交人脈時，也尋求這些團體的協助或諮詢。這些組織的負責人返鄉省親，一直是台灣總統府及立法院的座上賓，很少政治人物不重視他們。(註11)

川普 2025 年初再度入主白宮，台美人社團領袖有一封給代表台灣參加就職典禮的立法院長韓國瑜公開信，對母國台灣的國會亂象甚感憂心，對他身為立法院長的瀆職，尤其讓中國國民黨及台灣民眾黨黨團以私利凌駕國家利益之上，感到失望與憤怒。台美人要求韓國瑜拿出勇氣，尊重立法院長的神聖責任，中立主持會議，基於憲法賦予的權責，停止荒謬且顛倒議事的醜劇繼續演出，把立法院帶回正軌，成為立法院真正的掌舵者，站在歷史正確的一邊。

參與連署的十六位領袖，大致含括了現今台美人主要社團，即：台灣人公共事務會總會及分會、北美洲台灣人教授協會、北美洲台灣婦女會、全美台灣人權會、台灣獨立建國聯盟美國本部、華府台灣文化中心，以及世界台灣同鄉會聯合會、全美台灣同鄉會和各地台灣同鄉會等同鄉會系統。(註12)

駐美機構和台美人的愛恨情仇

民主化帶來的改變很多，台美人社群與台灣駐美機構的關係演變，即是明顯的指標。

黨國壟斷外交時代，台灣駐美的代表處「北美事務協調會」（CCNAA）動輒以「黑名單」構陷台灣同鄉，「雙方彼此視同寇讎或洪水猛獸」。

曾任台灣駐美代表的高碩泰回憶，他1980年代中期初赴華府駐美代表處任三等秘書，台灣人社區不久就傳出，「協調會」有一位「台灣囝仔」負責領務。在那個「黑名單」剝奪海外台灣人返鄉權利的年代，他有一天接到一位Mark Chen的電話，先英語、後台語交談，希望基於人道考量核准「蔡武雄」返台簽證；他呈報上級後得知，Mark Chen是台灣人公共事務會（FAPA）會長陳唐山，蔡武雄是華府台灣國際關係中心主任，都是台美人遊說美國促成台灣民主自由的團體要角。二十年後，陳當上外交部長，作者任駐美副代表，在一次宴會首次見面，提及往事，陳訝然，兩人隨即相顧大笑。

高碩泰首次與台美人見面交流，是1987年前往新澤西州（New Jersey）的美東台灣人夏令會，以華府台灣同鄉會球友身分參加「陳文成紀念盃」網球賽。雖當時民進黨已成立而台灣剛解嚴，仍是引人側目之舉。代表台灣的駐美外交機構本應服務台灣同鄉或台美人，高碩泰不忌敏感，以台灣心與同鄉交流。後來，駐美代表處與FAPA自然接觸，且分別為台灣外交打拚。

此外，更足以展現台美人與台灣駐美機構關係明顯轉變的，莫過於高碩泰擔任駐美代表後，大膽對外開放雙橡園，服務人民頭家，讓台美人、千里迢迢而來的台灣納稅人得以參觀這座十八英畝歷史名園，察考台灣公僕在華府工作及公帑在美國的運用。[註13]

FAPA 成員被駐外單位敵視

從而，四十年來 FAPA 與台灣駐美單位的互動，反映了台灣內部的民主化發展與海外台美人說團體的猜忌和磨合過程；民進黨執政期間，FAPA 與駐美代表處在推動台美重要提案，各自登山，分享訊息，若干效果也相輔相成。

曾為 FAPA 工作三十四年，2023 年榮獲台灣政府贈勳的昆布勞對這段因台灣民主化所帶來的台美人與駐美代表處的關係正常化，也深有所感。

原籍荷蘭的昆布勞，從 1989 年 8 月起，為台美人的 FAPA 工作，被黨國當局列入黑名單，長達十八年不得踏上台灣土地。他回憶，加入 FAPA 不久，即被台灣駐外單位視為眼中釘。有一次去聽當時駐美代表丁懋時的演講後，趨前致意，丁懋時原本很客氣，但當自我介紹「我是 FAPA 的昆布勞」，丁懋時轉頭就走，不與他握手。不久，他應邀參加一位華府資深遊說顧問的退休派對，丁懋時也到場，五分鐘後，就被告知「丁大使不希望你在這裡」，他被迫離開。柯林頓總統就職，昆布勞參加台灣官方在華府所辦的活動，到場後被告知自己名列「黑名單」遭拒，只好穿著正式禮服到附近麥當勞，點了快樂分享餐。昆布勞強調，所有這些，只是激勵他更努力地為 FAPA 工作，為台灣自由與獨立的理想奮鬥。(註14)

台派雖目標一致，彼此仍有矛盾

至於台派本身，儘管促進家鄉民主自由、提升台美人地位的大目標大致相同，在各團體內部及與其他團體之間的關係，並非毫無分歧或矛盾。就此而言，在美國加入台獨聯盟為秘密成員，曾任職《台灣公論報》，其後回台灣歷任立委、台南市長的許添財，對海

外台灣人之間的互動或「團結」，有中肯的觀察：

> 「台灣人的組織文化包容性很低，排他性很高。海外台灣人各有立場，都用台語講同一句話：『台灣人放尿攪砂袂做堆。』意指台灣人的不團結。至今我依然認為台灣人不團結，同黨同志也不團結，如果團結，那是偶然，並非必然。但不可否認的是，在關鍵時刻這個偶然會發揮歷史性的關鍵作用。所以台灣人遇到共同的強敵，會被動團結，發揮很大的力量，台灣人遇到外敵越多，內部越強。」(註15)

海外台灣人的共同目標，是促成家鄉成為民主、自由、獨立的國家，兼以擴大在當地社會的影響力。為達此目標，從早年對抗台灣少數統治的黨國當局，近年爭取美歐先進國家支持以「抗中保台」，到關注台灣文化傳承，都是要務。在此漫長而艱辛的過程，分別成立團體，有組織地往目標前進，才可能發揮集體力量，眾志成城。團體由個人組成，團體內部及與其他團體之間的關係，如何化解歧異，為共同目標努力，是基本考驗。

「人在美利堅，心在美麗島」的台美人情懷

回顧以往台美人團體的分立與合作，張燦鍙提出的「總體戰」主張頗有代表性。在他看來。在與台灣黨國對抗的鬥爭中，文的、武的，任何手段都要使用，不只有台獨聯盟，也要靠外圍組織，類似中共的「統一戰線」；同鄉會不必主張台獨，海外台灣人聚在一起自然就會產生台灣意識。從而，各社團之間，扮演好各自的角色，分工合作，聯合起來就是團結。況且，台美人社團實務上要與國會及國際人權團體打交道，也不能像台獨聯盟一樣主張訴諸一切手段。(註16)

張燦鍙這一倡議，從海外台灣人運動合縱連橫的角度著眼，頗為可取，但現實上未必如此理想。以台獨聯盟本身為例，1970年4月為刺殺蔣經國案，內部即陷入極大爭議。刺蔣案後，海外台灣獨立聲勢大漲，但不久台派對於後續發展策略出現分歧，聯盟尤陷入路線分裂危機，內部存在「行動派」與「和平派」兩條路線爭執，黃文雄與鄭自才後來都離開聯盟，士氣低迷持續數年。

　　在政經社會議題主張及路線，一如美國社會長年有自由、保守或左、右之分，台灣人社團也存在歧異。洪哲勝屬於左派，但張燦鍙認為，洪所強調的社會主義不適合台灣，宜採社會福利的北歐模式，建立「東方瑞士」。他還指洪哲勝英文不好，所接觸偏向中共篩選過的資訊，如能再閱讀英文的社會主義書籍，比較不致鑽牛角尖。(註17)

　　同樣是社會主義者，在日本的史明1980年代中期曾往紐約等地交流，洪哲勝贊成台獨聯盟應與他建立聯合陣線，但張燦鍙不以為然，顧慮史明前來「搶地盤」。另一方面，洪哲勝認為，史明的社會主義「完全不合格」、「是中共的書教出來的」。洪哲勝還強調，連毛澤東也沒看過幾本馬克斯主義的書，很多馬克斯主義的書都是後來才印出來的，「他們對馬克斯主義其實似懂非懂」。(註18)

　　洪哲勝後來競逐台獨聯盟美國本部主席，失利退出，1984年與許信良共組台灣革命黨，擔任總書記，許任副書記長。

台美人的路線分歧與競合

　　路線和立場之外，人事也常造成台灣人社團內部的分歧。楊黃美幸回憶，台獨聯盟曾以散佈謠言等手法，打擊前主席彭明敏；甚至他擔任FAPA會長期間，不論做什麼，台獨聯盟常杯葛中傷。聯

盟一位劉姓中央委員曾告訴她,「彭先生的身分及影響力就是那麼高,有威脅到台獨聯盟的時候,我們就必須打擊他!」她對此訝然,認為台獨運動在海外無法壯大,肇因之一是「把自己組織的利益看得比台灣人的利益還高」。

儘管楊黃美幸在美國與聯盟的關係不好,1997 年張燦鍙返鄉競選台南市長,她仍回台灣幫忙,當選後並擔任市長辦公室主任,負責文化、觀光事務。(註19)

從而,台灣人社團之間,遇重大事件,分工合作,共赴家鄉要事的團結表現,一一展現。從《台灣關係法》的制定、「美麗島事件」救援、林義雄家血案、「陳文成事件」、「江南事件」、參與國會聽證會、反中國民眾大會及示威遊行……,在美國的台灣人都群策群力,眾志成城,齊為家鄉竭盡心力,成果豐碩,台灣受益良多。

其後,隨著民主化到來,許多海外同鄉返報效,台美人對家鄉無怨無悔的付出不變,每逢大選返鄉投票的熱情有增無已,日常公共事務工作重心除了爭取美國政界繼續支持民主台灣,也為促進七十多萬台美人權益而努力。

這就是對台灣永遠純情的台灣人—台美人,長年「人在美利堅、心繫美麗島」,不斷寫下令人感佩的事蹟。

參考文獻

註 1: 彭明敏,《自由的滋味:彭明敏回憶錄》,台北市:玉山社,2009.4。頁 70。
註 2: 〈美國皮尤選前民調台灣 67% 民眾視自己為台灣人〉,中央社,2024.1.18。
註 3: 〈民調/僅 10% 民眾自認「中國人」〉,三立新聞網,2024.12.30。
註 4: 民調:八成民眾贊同推動國際賽正名台灣隊,《自由時報》,2024.12.17。
註 5: 〈李界木先生訪問紀錄〉,《海外台灣人運動訪談錄》,台北市:國史館,2024.5。頁 423。

註 6：〈楊黃美幸女士訪問紀錄〉,《海外台灣人運動訪談錄》,台北市:國史館,2024.5。頁 110。

註 7：〈張燦鍙先生訪問紀錄〉,《海外台灣人運動訪談錄》,台北市:國史館,2024.5。頁 35。

註 8：《台灣,打拼—康寧祥回憶錄》,康寧祥論述,陳秋農編撰;台北市:允晨文化,2013.11。頁 346。

註 9：〈郭正光先生訪問紀錄〉,《海外台灣人運動訪談錄》,台北市:國史館,2024.5。頁 319。

註 10:〈為何很多台裔美國人願意不遠萬里返回台灣投票〉,《紐約時報中文網》,2024.1.13。

註 11:〈台灣大選 2024:揭密台灣政治背後的海外「台美人」,難以忽視的「草根外交」團體〉,BBC,2024.1.3。

註 12:〈台美人致韓國瑜院長公開信〉,《自由時報》,2025.1.23。

註 13:盧世祥,〈真有台灣心的外交官〉,高碩泰著,《從三等秘書到駐美代表——一個台灣外交官的雜憶》推薦序,台北市:允晨文化,2023.5。頁 11-12。

註 14:〈為台灣打過 35 年孤獨戰役如今獲「大綬景星勳章」〉,《財訊》,2023.10.12。

註 15:〈許添財先生訪問紀錄〉,《海外台灣人運動訪談錄》,台北市:國史館,2024.5。頁 368。

註 16:〈張燦鍙先生訪問紀錄〉,《海外台灣人運動訪談錄》,台北市:國史館,2024.5。頁 37-38。

註 17:同上註,張燦鍙,頁 38。

註 18:〈洪哲勝先生訪問紀錄〉,《海外台灣人運動訪談錄》,台北市:國史館,2024.5。頁 170-171。

註 19:〈楊黃美幸女士訪問紀錄〉,《海外台灣人運動訪談錄》,台北市:國史館,2024.5。頁 110-118。

第 6 章

故鄉音 遊子心

　　台美人早年取得家鄉訊息不易，美國大眾媒體的台灣新聞也不多，「台灣之音」1970年代應運而生，是台美人專有的電話兼傳播工具，報導來自家鄉的動態訊息，「叮嚀繞樑故鄉音，遼遠牽繫遊子心」，對台灣民主運動造成深遠影響。

　　同時，台美人也創辦報紙和各種刊物，百花齊放，服務對台灣訊息的渴求和鄉愁。

「叫著我 叫著我 黃昏的故鄉不時地叫我
叫我這個苦命的身軀 流浪的人無厝的渡鳥
孤單若來到異鄉 不時也會念家鄉
今日又是會聽見著喔 親像塊叫我的

叫著我 叫著我 黃昏的故鄉不時地叫我
懷念彼時故鄉的形影 月光不時照落的山河
彼邊山 彼條溪水 永遠抱著咱的夢
今夜又是來夢著伊喔 親像塊等我的

叫著我 叫著我 黃昏的故鄉不時地叫我
含著悲哀也有帶目屎盼我倒去的聲叫無停
白雲啊 你若要去 請你帶著我心情
送去乎伊我的阿母喔 不倘來忘記的」

——〈黃昏的故鄉〉,（文夏詞／橫井弘曲）

　　1970年代，隨著台美人社區逐漸擴大，各地同鄉會及專業社團陸續成立。同期間，台灣的民主運動蓬勃發展，台美人身處美利堅，心繫美麗島，對家鄉的政經社會動態關切不已。在那個網際網路、手機還未出現的年代，取得台灣訊息不容易，美國大眾傳播媒體有關台灣的新聞也不多見；一個以電話答錄機為傳播方式的突破，「台灣之音」（The Voice of Taiwan）因此應運而生。這是台美人專有的電話兼廣播功能工具，報導來自家鄉的動態訊息，服務台美人對台灣的訊息渴求和鄉愁，有如它所標榜的，「叮嚀繞樑故鄉

音,遼遠牽繫遊子心」,也對台灣民主運動造成了深遠影響。

北美「台灣之音」突破黨國的新聞封鎖

　　「台灣之音」1977年5月由張富雄、楊宜宜夫婦創立於紐約,原以答錄機方式播送當地台灣同鄉會和教會的活動訊息,包括當年8月台灣長老教會發表的《人權宣言》。後來,隨著台灣民主運動勃興,「台灣之音」透過國際電話採訪等方式報導台灣民主動態,並呼籲台美人勇於發聲,參與公共事務,爭取台灣權益;「廿四小時全球播音、島內外消息、台灣人心聲」是其特色。它持續運作到1989年,曾有四十幾個分台,遍及全美國,且遠至加拿大、巴西、法國、德國等地;在海外漢文辦報及新型媒體興起之前,各地「台灣之音」服務台美人最長的,達十年之久。儘管各地「台灣之音」負責人大都被列為「黑名單」而無法返鄉,他們努力不懈,建構一個訊息網路系統,在海外流通,凸顯了台美人一起打拚,齊為社群和家鄉效力的可貴情操、決心與行動。

　　1978年12月,「台灣之音」進一步以電話直接訪問台灣的新聞對象。當時,張宜宜打國際電話給(包含五項公職選舉)中央民意代表增額選舉「黨外人士助選團」總幹事施明德。這次採訪,建立了海內外合作推動台灣民主運動的第一條熱線,也為「台灣之音」突破黨國的新聞箝制及封鎖,讓黨外人士及政治動態迅速傳播海外。高雄「美麗島事件」次年發生,「台灣之音」以現場轉播的效率,讓聽眾掌握即時訊息,引發極大迴響。

　　這些做法,溝通並連結海內外,旋即掀起風潮,各地「台灣之音」見賢思齊,傳播內容因第一手採訪而更為快速充實。海外台灣人在取得家鄉訊息有限的環境,打一通電話即可獲知家鄉最新動

態，激起了更多人愛鄉愛國情感，凝聚沛然力量，支援島內民主運動。

隨著台灣民主運動風起雲湧，黨國當局加緊鎮壓，這又激起多反抗。「台灣之音」加緊工作，紐約的張富雄回憶，遇緊急狀況，曾同一天更換節目五次之多。上班族的他，七時就需出門上班，由於美台兩地時差，常在半夜三更被台灣的長途電話叫醒；得到消息立刻開始製作節目到清晨五時。(註1)

「台灣之音」擴散全美，因地制宜供應內容

「台灣之音」始自紐約，隨即擴散各地，以因應廣大台美人的需要。同時，各地「台灣之音」除了轉播來自紐約所供應的內容，還因地制宜，自製包括在地訊息、評論、訪問及台灣文化等吸引台美人的節目。有的「台灣之音」為因應需求，電話門號可擴充到十線；更重要的，各地「台灣之音」連結成網，成為海外漢文報紙及網路媒體崛起之前，台美人重要的訊息連結網路。

獨家而有內容的消息深受歡迎，有些美國華人報社有時引用「台灣之音」的報導，「根據『台灣之音』的最新消息……」，轉述被封鎖卻憾動人心的台灣黨外運動及政治新聞。同時，台獨聯盟也在加州與東京設立了「台獨之聲」；即連黨國當局也跟進，在華府設立了「寶島之聲」，只是邪不勝正，官腔官調的內容相形見絀，無以吸引聽眾，而卒以失敗收場。

警備總部騷擾及羅織罪名

由於「台灣之音」的影響力日增，張富雄、楊宜宜曾遭到騷擾。除了暗中監視和恐嚇，他們的住家電話遭到竊聽，他因而把

「台灣之音」的播音答錄機從住家閣樓，移到一家電話接線服務公司，以免黨國當局特務潛入住家牆邊剪斷「台灣之音」的電話線。在台灣，情治單位人員播放「台灣之音」的錄音給雙方家人聽，要求他們出面勸阻。「美麗島事件」兩個月後，台灣警備總部提出的起訴書，把夫妻兩人列為叛亂份子，所羅織的多項罪名之一是「散佈叛國謬論，已成叛國組織之宣傳工具」。

黨國當局不容異議，所有異議者都是「叛國」、「叛亂」，在台灣以政治迫害，甚或以死刑伺候；對海外人士，也以監控、列入「黑名單」及恐嚇當事人在台灣家屬對付。另一方面，出自對家鄉深厚而無私的關愛，儘管有時不免如科羅拉多州「台灣之音」負責人蕭廣志所言，無異「用鴨蛋丟石頭」，但可貴的是，科州當地報紙報導「台灣之音」時強調：「台灣之音」把遙遠台灣土地上的民主運動消息傳遞給台美人知悉，每一個分台都是由志願者所設立。

對曾為「台灣之音」付出極大心力的當事人而言，他們所殷切期盼的，無非讓自由、民主、人權早日在家鄉實現，台灣成為民主的國家社會。從而，「台灣之音」以答錄機在各地連結成網，為台美人傳布台灣島內外新聞、演講會實況錄音、美國電視台及廣播電台有關台灣的報導摘要、現場或電話訪問島內外人士，節目內容旨在提升台灣意識、發掘黨國獨裁違反人權、迫害台灣住民的事實。

隨著海外漢文報紙先後出現，「台灣之音」的階段性任務告一段落，設台最早的紐約在1982年初結束。科州的「台灣之音」持續製播到1989年，服務台美人十年後才走入歷史。其間，「台灣之音」無疑在連結台美人及促進台灣民主運動，有著極大的貢獻，留下深遠的歷史足跡及地位。

俄亥俄州辛辛那提（Cincinnati, Ohio）「台灣之音」負責人莊秋雄的話，道出當年投入這一促進家鄉民主化工作者的心聲：「當初為了台灣前途奮鬥的這一件事是非常羅曼蒂克的，雖然是犧牲自己的時間、健康，但那個就是要讓台灣民族健康起來的精神。」(註2) 也有如德州達拉斯（Dallas, Texas）的謝慶鏘所言：「**你在台灣長大的，又有受高度教育，你要有知識分子的良心，你不能說不去顧台灣。我希望現在的年輕人要有台灣心。**」(註3)

台美人辦報力抗黨國新聞控制

在進入網路時代之前，台灣人以報紙為主要新聞來源。1970年代之後，隨著台灣移民增加，台美人社區擴大，報業逐漸發展。早期華人移民聚居的舊金山、紐約等大城市華埠都有華文報紙，如《少年中國晨報》（1910）、《聯合日報》（1941）、《華美日報》（1943），後來香港報業《星島日報》等加入競爭。有了台灣移民，台灣幾家報紙先後來到美國。《聯合報》系的《世界日報》（1976）著先鞭，眼科名醫吳基福在舊金山灣區創辦《遠東時報》（1980），同樣來自南台灣的《國際日報》（1981）繼之，《美洲中國時報》（1982）後來加入競爭，原《台灣日報》的傅朝樞也創立《中報》（1982）。其後，美國的中國移民逐漸增多，立場傾向中國的報紙隨之出現。此外，紐約法拉盛等台美人較多的地方，還有如雨後春筍般湧現的眾多社區報《美東時報》、《紐約社區報》……，屬每週發行的免費報紙，在超市或賣場供人取閱。

那是台灣政治、經濟、社會及外在環境變化日亟的時期，人們對時事的關切殷切，移居美國的台灣人對台灣、台美人社區的新聞和廣告需求日增，除了上述華埠原有和來自台灣的各報，台美人也

興辦了自己的報紙。

台美人辦報，有兩大主因。隨著社區擴大，經濟社會活動頻繁，對大眾傳播媒體需求日增，原有的同鄉會刊物已無以充分服務鄉親；台灣與香港報業進軍北美，就是看上這一新興市場。更重要的，對台美人來說，香港來的報紙雖有其特色，新聞取捨、判斷及夾雜廣東話的遣詞用字，讀來未必對味。來自家鄉的報紙，在那報禁尚未解除的年代，黨國當局對新聞媒體掌控嚴厲，海外辦報亦難逃管制，《美洲中國時報》創辦短短兩年，即因政治因素無預警停刊，就是一例。在此情況，台美人對來自台灣的報紙，尤其處理風起雲湧的民主相關新聞未必欣賞。從而，在各種同鄉會刊物，以答錄機連結的「台灣之音」之外，台美人也自辦報紙。

80年代後台美人報紙百花齊放

台美人創辦綜合性報，以美東的《台灣公論報》（1981）為最早，美西有《太平洋時報》（1987）及《美洲自由時報》（1991）。《太平洋時報》由經營貿易有成的吳西面主其事，南加州熱心的台美人陳惠亭、林文政等加入，網羅編採及評論好手參與。吳西面辦報，主要是台美人社區確實有此需求，還受到激勵。1986年，來自台灣的陳永興醫師受邀到美國演說，提出呼籲，若有三百位同鄉每人出資一萬美元辦報，就有可能與《聯合報》系的《世界日報》一較長短。另一位來自中國的老報人陸鏗，也問過吳西面，何以在海外辦報的，都是台灣外省人，難道台灣人沒有能力辦報？[註4]

《太平洋時報》要在眾多華文報紙脫穎而出，並非易事。報業經營不僅編輯、採訪及廣告業務需要人才及專業，建立發行網尤為考驗；郵寄不利新聞的即時性，美國幅員廣大，外州或可勉強將就，

在台美人較多的城市或地區建立發行網也不容易。

從南加州起家的《太平洋時報》，歷經挑戰，服務台美人社區，並在推動美國人口普查台灣人單獨列項等諸多公共議題，發揮影響力，為台美人留下諸多歷史足跡與紀錄，且促進台灣邁向民主化進程，關切台灣安全議題；曾是海外唯一推出「台灣文化」專欄的報紙。極盛時期，其訂戶一度擴及美國四十幾州，在華文報紙有一席之地。但三十多年間經營也幾遇困境，一度改為週報，耗去吳西面及投入的台美人不少資源與心力；近年在進入網路時代而報業式微之後，繼續推出網路報服務台美人。

另一份《美洲自由時報》的發展較有波折。創刊時先與台灣《自由時報》合作，1998年轉與台灣《台灣日報》協力，改以《台灣日報》為商標。2003年，所有版面內容均由偉博文化製作，正式在美國登記《台灣時報》商標，以《美洲台灣時報》發行至今。另一方面，李木通邀集洛杉磯台美人2004年創立《美洲台灣日報》，與台灣《台灣日報》資源合作；2006年，以台灣《台灣日報》停刊，再改由台灣《自由時報》提供台灣新聞。該報於2014年6月底結束紙本發行，轉型為網路媒體；內容除了新聞與評論，也包括台美人物、台美文藝、南加社區新聞等台美人相關新聞，堪稱豐富。

《台灣公論報》與台美人自辦刊物

美東的《台灣公論報》，創刊早於《太平洋時報》，是海外第一份台灣人報紙，1981年成立於紐約皇后區長島市（Long Island City），由台獨聯盟籌辦。該報延續獨盟的機關雜誌《台獨》月刊，主要傳遞台灣所發生的新聞，為家鄉政治事件提供海外報導平

台,並與《世界日報》及親中國的《華僑日報》相抗衡;強調「百分之百站在台灣人的立場,為海外台灣人發聲」。

首任發行人羅福全於創刊詞強調:「八十年代……台灣人的心聲與主張必須通過自己的報紙才能得到正確的報導。為島內『被沉默的大眾』發言,伸張正義業已成為台灣公論報責無旁貸的時代使命。」(註5)該報的成立,不僅展現台美人自辦媒體心願,促發的因素,主要是台灣當時風起雲湧的政治社會變化,「美麗島事件」、林義雄家人血案及「陳文成事件」等相繼發生。

《台灣公論報》由兩千多位台美人預付一年報費為興辦資金,從每週出版兩次的半週刊開始,向台美人社區發行。創刊號即有「旅美學人陳文成命案專輯」報導分析,美國各地同鄉抗議遊行,索拉茲擇期舉行聽證會,也細數國民黨在美特務活動。

服務台美人期間,該報1984年曾因刊出文章〈一個會說台灣話的四腳仔台灣人〉,批判親中國國民黨的台灣同鄉聯誼會發起人高資敏,引發官司。該報延聘曾任司法部長的克拉克(Ramsey Clark)為法律顧問,法院以高資敏為可受公評的公眾人物,判原告敗訴。事件讓該報在海外台灣人的知名度與凝聚力大為提升,營運首度收入超過支出。

隨著台灣民主化進程,《台灣公論報》也有遷回台灣的打算。台灣當局搶先一步,1991年底核准另一家同名報紙在台灣登記成立,該報回鄉計畫因而受阻。進入二十一世紀,台灣邁向民主自由,網際網路發達,報紙發行大受衝擊,2011年9月,《台灣公論報》發行第二三五七期後,結束階段性任務而停刊。

陳正修隱姓埋名效力《台灣公論報》

《台灣公論報》由獨盟發行，在那個主張台獨有殺身之禍的年代，參與人員除了已公開者，常需隱姓埋名。自稱「數典忘祖」的第一代編輯人李永光，是具體的例子。

本名陳正修的他，1979 年出國就讀俄亥俄州立大學（The Ohio State University），參加哥倫布市（Columbus）同學會迎新，有人事後警告他，同鄉會是台獨的外圍組織，少去為妙，以免惹禍上身。一年多之後，有一天突然接到台獨聯盟主席張燦鍙電話，說是路過當地，可與他一敘。見面後，張邀他加入台獨聯盟，成為秘密成員。他「盛情難卻」，就成為可能是最年輕的盟員。當時，台灣的黨國當局把台獨聯盟打成「暴力組織」，除了正式成員，也有秘密盟員，既方便公開活動，也增益其神秘性。

1981 年 5 月，俄大剛畢業的陳正修，又接到張燦鍙電話，問他是否願前往紐約，參與即將成立的《台灣公論報》創刊行列，他不加思索就答應了。張燦鍙告訴他，由於他是秘密盟員，隨時可能返回台灣工作，為避免滋生困擾，被列入黑名單，最好取個化名，他於是隨興取了化名「李永光」，改姓換名，成為黨國當局所說「數典忘祖」的台獨份子。

一到紐約，前來接機、素昧平生的台美人黃再添一見面問到，「李先生？」他點頭稱是。此後幾十年，陳正修搖身一變，成為連自己原先都全然陌生的「李永光」。由於與報社負責業務經理李其陽同姓，為便辨識，人們稱年紀較大的李其陽為「大李」，年輕而負責編務的李永光為「小李」。「大李」與「小李」是 1980 年代《台灣公論報》對外連繫的哼哈二將，人們以此稱呼而不名。

陳正修在《台灣公論報》服務六年，外界一直以為他姓李，他也將錯就錯，習慣成自然，以「小李」拋頭露面，未想「返祖歸宗」。這一事例，有其大時代的背景，也有如從事秘密工作者的通例。1992年返回逐步民主化的家鄉之後，他才「正名」陳正修，反而讓不少在海外的舊識，大為訝異。據其本人描繪，首次聽到他的原名時，「表情就像梁山伯發現祝英台原來是女兒身一樣」。(註6)

　　在美國，美國友人常慣以Little Lee（小李）介紹他。回到台灣，即使認識二十多年的蔡同榮太太，看到他名片的一剎那，也驚訝地說：「你不是姓李？怎麼變成姓陳？」。還有《台灣公論報》陳姓一位同事，回台灣後任職中央研究院，1992年在籌備民視的場合與他重逢，接到名片發現「李永光」是化身而非本尊時，也一時驚訝而難以置信。

　　返回台灣之後的陳正修，任職民視多年，且隨著年齡增長，「小李」升格為「小李大哥」，但被介紹時，本名與化名仍常糾纏不已，常出現如下的介紹詞：「這位是小李大哥，可是他姓陳不姓李喔！既然姓陳不姓李，為何叫做小李，是因為……。」

　　不過，黨國當局顯然在海外佈建甚密，對台美人的工作亦無例外，外界對陳正修雖以「小李」相稱，卻未能瞞過當局。台灣的情治單位人員在他任職《台灣公論報》期間，逢年過節都到陳家「請安」，並向鄰居打探他的消息，左鄰右舍以為有人前來提親，還常為他美言。

　　陳正修為《台灣公論報》而「數典忘祖」，隱姓埋名，幾十年間以化名對外，台灣解除「黑名單」及民主化才「返祖歸宗」，讓曾認識他的人驚奇連連，其所突出的不僅是時空環境的差異，台灣由

純情的台灣人──台美人　　123

不正常邁向逐步正常之路的變化,也凸顯了當事人對家鄉不惜隱忍個人的大愛。

台美人創辦刊物百花齊放

台美人所創辦的刊物,除了報紙型先後有《台灣公論報》、《太平洋時報報》、《美洲台灣日報》、《美洲台灣時報》及若干社區報,主要還有以雜誌形式發行的《美麗島週報》。

1979年12月10日,世界人權日當天,以《美麗島雜誌》為主的黨外人士在高雄集會。集會遊行引發官民衝突,有所謂「未暴先鎮、鎮而後暴」的說法,但黨國當局事前其實已部屬軍警準備抓人,民間還傳聞官方找了流氓滋事引爆衝突。事件一經發生,黨國文宣機器旋即全面開動,營造抓人的「輿論」及正當性。果然,黃信介、林義雄、呂秀蓮、施明德等紛遭逮捕;事後的軍法大審判反讓台灣人民看透黨國的統治惡質不堪,民主潮流勢不可擋,「美麗島事件」誠為台灣民主發展的分水嶺。

有如歷史學者張炎憲所說:「美麗島事件」是1970年代民主運動的總結,也是1980年代之後民主運動再起的契機。台灣能有今日的自由民主,與「美麗島事件」燃台灣人的熱情與抗爭意志,息息相關。[註7]

《美麗島週報》推進台灣民主運動

《美麗島週報》在此背景下,由洛杉磯出發,嘗試延續《美麗島雜誌》的香火,推進台灣民主,也為台灣前景勾勒藍圖,以政治、國家、黨派等議題為主,並介紹第三世界國家的政經形勢。《美麗島週報》由「美麗島事件」發生時流亡美國的許信良,結合

一批非屬台獨聯盟的台美人，1980年8月創辦。創刊號第一頁即以「向鐵窗裡的民主鬥士致敬」為題，列出因「美麗島事件」而坐牢的黨外人士和刑期。留學歐洲的許信良思想偏左派，但也延攬右派台美人健筆加入。

同時，《美麗島週報》曾出版〈都市游擊手冊〉，鼓吹以都市游擊戰的方式在台灣推動人民革命，頗能凸顯許信良對「革命」的嚮往，一如他後來加入洪哲勝1985年1月在美國創建的「台灣革命黨」。

《美麗島週報》在南加州發行，美東紐約等各地台美人也可收到，至1985年8月止，五年共發行246期。

除了報紙和期刊，北美的台灣人社團也發行刊物，據許維德等學者等調查整理，其主要者如下：[註8]

台美人發行刊物

刊物名稱	創立年份	說明
《望春風》	1969年8月出版	由科羅拉多州洪哲勝等六位台灣同鄉創辦，1969年8月出版；創刊號封面繪有台灣島，配以英國詩人雪萊（Percy Shelley）名句：「冬天來了，春天還會遠嗎？」至1973年轉為全美台灣同鄉會刊物，1976年發送其60個分會，並贈閱全美一百家大學圖書館，至1980年12月共發行136期。
《台獨》	1972年2月創立	以關懷台灣前途為宗旨，為獨盟的月刊，發行112期後，1981年7月由《台灣公論報》取代；獨盟曾於1982年1月另以季刊再度發行，但8期後停刊。

刊物名稱	創立年份	說明
《蕃薯》	1973年10月創立	舊金山灣區的台灣協志會創立。取名「蕃薯」，以台灣人常自稱「蕃薯仔」，蕃薯生命力強，且為大眾所需，並廣布各地為大眾園地。內容旨在維護發揚台灣文化及精神、促進在美台灣同鄉福利及友誼，刊有評論、散文、小品文章。1980年7月停刊。
FAPA NEWS	1983年3月起發行	台灣人公共事務會發行的季刊，報導台美關係進展、總部與分會活動，持續發行。
《台灣與世界》	1983年6月發行	於紐約發行的月刊，主題多元，台灣、台美社區、世界都在探究之列，社會、經濟、政治、歷史、文化、人權，思潮、事件、活動應有盡有，以海內外作者交流平台自許，1987年7月發行42期後停刊。
《台灣學生》	1983年10月創刊	收錄前一年北卡州立大學海報事件經緯，由台灣學生社發行，李應元、郭倍宏為主要負責人。1989年由月刊改為雜誌型季刊，探討台灣的政治事件與問題，也比較、討論其他國家的政治社會運動。總計報紙發行47期、雜誌17期。
《北加州台灣社團聯合通訊》	1989年1月發行	舊金山灣區台美人1973年成立同鄉聯合會，後加入教會、人權、FAPA等為社團聯合會，雙月刊。內容主要為台灣文化、社會重要課題、台美人活動、與美國及台灣官方互動等；強調是「對黑暗的、不公義的政權挑戰，也對台灣文化被醜化、被歪曲、被消滅的嚴肅抗爭；也是同鄉發表自由、民主思想的地方，耕耘台灣文化的園地」。
《北美洲台灣婦女會通訊》	1989年7月創刊於洛杉磯	持續發行，可在該會NATWA網站閱覽。

刊物名稱	創立年份	說明
《台文通訊》	1991年7月創刊於洛杉磯	發刊詞強調，有人認為台灣語文面臨滅種危機，它當扮演「火種」角色，延續台灣語文的香火。月刊旨在推廣台語文書寫，結合海內外台語文運動，曾在《台灣公論報》闢「台文通訊信箱」專欄，也長期寄送台灣的本土社團。2012年2月起，與台灣的《台文BONG報》合刊為《台文通訊BONG報》，持續發行。

參考文獻

註1： 張富雄，《台灣之音》的回顧，台美史料中心，2014.8.6。
註2： 台灣敘事力協會於賓州訪談，2019.7.7。
註3： 台灣敘事力協會於德州訪談，2019.8.10。
註4： 林衡哲，〈敬弔我最敬愛的文化戰友—吳西面先生〉，林衡哲部落格，1995.5.24。
註5： 羅福全，〈開創台灣人的新命運寫在發刊前夕〉，《台灣公論報》，1981.7.31。
註6： 李永光（陳正修），〈偶然的偶然—我就這樣進《台灣公論報》〉，台美史料中心，2018.1.15。
註7： 張炎憲，〈見證關鍵年代的「台灣之音」〉，《見證關鍵時刻．高雄事件—「台灣之音」錄音紀錄選輯》，吳三連台灣史料基金會，台北市：2006.12。
註8： 〈附錄：海外台灣人發行報刊簡介一覽表〉，《思鄉懷國：海外臺灣人運動文獻選輯》，何義麟、許維德、藍適齊，台北市：國立中正紀念堂管理處，2022.12。

第 7 章

各方成就

　　台美社區各方人才輩出,在美國學術、醫藥、科技、法律、工商、宗教、藝術、政治⋯⋯公私機構等各個領域,發光發亮。

　　台美人成為優秀的族裔,其來有自;教育、文化、經濟、社會背景是主要因素。本章舉出幾位作者所曾親炙或知悉的台美人,從他們所作所為,看到其長年不渝的台灣心,樹立典型。

> 「我來到這裡，是因為能幫助祖國的唯一方法，就是在一個自由的國度，為我的同胞工作。」（I came here because the only way to help my country is to work for my people in a free country.）
>
> ——蕭廣志（David Shaw，科羅拉多州「台灣之音」負責人）

近年於人工智慧（AI）的發展與投資熱潮中，黃仁勳是風雲人物，在美國、在台灣都如此。

2024 年 6 月，他合夥創立並擔任執行長的輝達（NVIDIA）公司，市值超越微軟和蘋果兩家科技巨擘，成為全球市值最高的上市公司。它的崛起，得利於生成式 AI 的蓬勃發展，對該公司的圖形處理器（GPU）需求激增，這種晶片讓創建 AI 系統成為可能。最重要的，他把輝達的成功，歸功於台灣的支持，以「無名英雄」形容許多支援的廠商，台灣是世界 AI 產業的支柱。

在台灣，黃仁勳同樣掀起旋風。2023 年夏，他在台灣大學畢業典禮向學生演說，學生反應熱烈，報章社論稱讚。(註1) 一年後，台北國際電腦展（COMPUTEX）期間，他再度回到台灣，引發「仁來瘋」，拜訪客戶、買土產、逛夜市、釣蝦、唱 KTV……，風靡各方。

其間，他受訪強調，輝達一直在台灣投資，「因為是最重要的國家」，是一起進軍市場的合作夥伴。(註2)

美國科技指標企業的台美人

「台灣是最重要的國家」，道出台美人的普遍心聲。

黃仁勳，1963年台南出生，九歲隨家人移民美國，史丹佛（Stanford）大學電子工程研究所畢業後，1993年合辦繪圖晶片廠，2011年投入研究AI，為輝達開創新成長動能。2024年7月4日美國國慶日，卡內基基金會（Carnegie Corporation）在《紐約時報》刊登「傑出移民，傑出美國人」（Great Immigrants, Great Americans）榜，共24人，來自16個國家，黃仁勳是其一。

黃仁勳是台美人表現卓越的最新一例，隨著台美社區擴大，各方人才輩出，見諸美國社會各個領域。在學術、醫藥、科技、法律、工商、宗教、藝術、政治……公私機構等部門，發光發亮。

以科技產業來說，2024年6月與他在COMPUTEX同台的梁見後，是傑出的「台灣囝仔」，也是台美人，兩人很有默契地以台、華、英語交雜，一搭一唱，惹得台下哄堂大笑。梁見後是全球前三大伺服器品牌之一的美超微（Supermicro）創辦人，1958年嘉義竹崎出生，台北工專電機工程科、台灣工業技術學院電機工程系畢業後，赴美求學及創業[註3]。同樣地，生於台南的紐約台灣會館理事長蘇春槐，女兒蘇姿丰是處理器大廠超微公司（AMD）執行長，被《時代雜誌》（*TIME*）選為2024年度最佳CEO，與黃仁勳是親戚，都屬科技業表現出眾的台美人。另外，網際網路入口網站、搜尋巨擘雅虎（Yahoo!）創始人及前任執行長楊致遠，影片分享網站YouTube創辦人陳士駿（Steve Chen），也是台北出生的台美人。

傑出台美人在各領域讓世界看見台灣

不只科技產業,在科學及醫學界方面,李遠哲在美國期間,獲頒 1986 年諾貝爾化學獎,是諾貝爾獎至今唯一在台灣出生的得獎者。深懷台灣心的他,後來返鄉報效。再如發明攝護腺健康早期測試方法 PSA（Prostate Specific Antigen）、被稱為「攝護腺癌診斷之父」的科學家王敏昌,造福普天之下的老男人,有如彭明敏教授的誄詞所讚:「研發 PSA 乃醫學史上劃時代的重大里程碑。他為敬虔的基督教徒,謙虛而不炫耀,其名聲或不如運動和藝能明星之膾炙人口,然過去、現在及未來,其研發的受惠者無數,為全球人類造福無窮,如此功績和典範,將永銘於史。」

影劇界方面,得過奧斯卡、日本高松宮殿下世界文化紀念獎等榮譽的國際知名導演李安,在屏東潮州出生,把自身的成就歸功於台灣所孕育。身兼電影編劇、製片、電視演員的刁毓能（Will Tiao）,百老匯演員、編劇、歌手楊呈偉（Welly Yang）,都是台美人第二代。

公職方面,吳振偉（David Wu）出生於新竹,是美國史上首位台美人聯邦眾議員。曾任運輸部長、勞工部長的趙小蘭（Elaine Lan Chao）,為歷來首位台灣出生的內閣閣員。波士頓市長吳弭（Michelle Wu）、白宮國家經濟委員會總統科技與競爭政策特別助理吳修銘（Timothy Shiou-Ming Wu）、曾角逐民主黨總統提名的楊安澤（Andrew M. Yang）,都是父母在台灣出生的台美人第二代。其他在各州及地方政府擔任公職的優秀台美人,亦所在多有。

再如 2023 年美國亞裔小姐（Miss Asia USA）后冠的張芳瑜（Tiffany Chang）,就讀於史丹佛大學,是台美人第二代。她說,

自己的認同蛻變旅程始於前此參加台美小姐選拔，準備比賽過程增進了台美人意識的成長，並燃起對多元文化的學習與喜愛。她很開心以台灣之名參加亞裔小姐選拔，向美國主流社會及不同族裔介紹台灣與台美人，提升台灣在國際的能見度。她強調：「台灣經常在一些場合被稱為台北，我希望藉著贏得這個后冠，我可以告訴大家，台灣是一個獨立的國家，在國際場合上我們理當擁有代表權。」她為此還參加了在華府 FAPA 主辦的國會遊說營。(註4)

台美人才輩出，高社經地位成美國重要族裔

必須強調，台美人人才濟濟，在美國成為優秀的族裔，其來有自；教育、文化、經濟、社會是主要因素。人口普查資料顯示，台美人 95.7% 有高中以上學歷，78.7% 有學士或更高學位，遠高於較全美平均的 88.6% 及 33.1%。(註5) 第一代台美人以留學生為多，在重視教育的文化中，新生代台美人同樣有較高教育水準。

有了較高學歷，儘管移民在就業所受限制較大，但美國開放的環境及台灣移民的打拚、開創精神，常能有所突破；整體而言，台美人因而普遍躋身中產階級。同樣是人口普查資料，台美人 66.2% 從事白領專業工作，全國平均數字 35.9%、亞裔 48.1%。同時，台美人 4.3% 的失業率，相對低於全美平均的 6.9%。另外，台美人也有較高的中位收入，較低的貧窮比率。(註6)

以上只舉出較為知名的若干例子。台美人的傑出人士多如天上星星，無以一一列舉；相關資訊，《台美史料中心》及《台美人歷史協會》兩個網站，提供豐富的參考資訊。台美人的卓越表現，值得記述歌頌，既發揚其堅

台美史料中心　　台美人歷史協會

純情的台灣人——台美人　　133

苦卓絕，也有助傳承如今已進入第三、四代的台美人族裔的文化歷史。本章所敘述的，僅限作者所曾親炙或知悉的台美人，從他們所作所為，看到其長年不渝的台灣心，樹立典型，並深受感動；台灣及台美人社區由於有他們，才有現今的美好。

傑出台美人群像

台灣的特派員──王景弘

王景弘，1941年生，台灣雲林斗南人。世界新專畢業，美國密蘇里大學新聞學士，馬里蘭大學碩士。曾任《台灣新生報》記者，《聯合報》記者、撰述委員，世新兼任講師、《紐約世界日報》編譯、《經濟日報》駐美特派員、《聯合報》駐美特派員。

四十多年前，王景弘是報社派駐國外的特派員，採訪美國政治及國際外交事務；二十多年前從報社退休，他仍是特派員──出於台灣心的義務特派員，為台灣「採訪歷史」。他擔任兩種特派員都出類拔萃，對台灣貢獻良多，令人讚佩。

1980年代，在台灣媒體的華府特派員中，王景弘以「最能把台灣在美國的情況據實報導」著稱。除了採訪重大新聞的成就，還進一步研讀整理美國國家檔案局等官方解密文件，著作成書，公開分享。從定期解密的浩瀚外交、情報檔案中，探究自二戰後期以來華府與國民黨政府交涉、台灣國際處境的關鍵變化、民主化過程美方的角度和紀錄。

他是永遠的台灣特派員。「一輩子只做過一個正業：新聞記者。不管頭銜怎麼變，稱呼有所不同，基本上都是報導、敘述、評論時事的新聞工作。」(註7) 認識他幾十年的彭明敏教授稱讚：「是我最欣賞的文字工作者，也是最接近理想的媒體工作者之一」。」(註8) 曾任台灣駐美代表高碩泰推崇，他是「正港的新聞工作者」。

為台灣人堅守重要的發聲位置

昭和十六年（1941年）出生的王景弘，台灣雲林斗南人；那一年日本偷襲美國珍珠港，開啟了二戰的太平洋戰爭，自稱屬於「珍珠港的一代」。有如不少資深台美人，出生是日本國籍，後來歸化而有美國籍，但仍維持「中華民國」籍，人生有如另類「三國演義」。

王景弘的新聞記者生涯，始於1964年《台灣新生報》，次年轉到《聯合報》，曾到柏林國際新聞學院進修，後赴美深造，於密蘇里大學（Missouri-Columbia）及馬里蘭大學（Maryland-College Park）取得學位。學成回台後，1976年再赴美繼續新聞工作，包括舊金山、紐約及華府等地，任職《聯合報》報系的《聯合報》、《世界日報》及《經濟日報》。2001年底從《聯合報》退休，從華府為《台灣日報》、《自由時報》撰寫評論專欄。

60年來，王景弘在新聞界始終如一，替台灣人堅守重要的發聲位子，特別是1978年1月起擔任駐美特派員，常採訪國際重大新聞，包括1988年雷根總統莫斯科會談、1989年6月天安門廣場學潮，1990年老布希總統波斯灣勞軍之旅，也追訪向美國檢舉台灣秘密發核子武器的張憲義。同時，他從華府客觀分析局勢，如實反映台灣國際處境。退休後，繼續析論台美及中國關係變化，針砭時

事,健筆不輟,撰寫台灣戰後國際地位和政治外交演變,旨在以真相打破國民黨的愚民教育,促使台灣人因理解正確資訊而覺醒。從而,不僅新聞工作,他轉型兼以「治史」。

就新聞工作者而言,有如彭明敏稱讚王景弘,近乎專業理想:

「有淵博的知識、銳利的觀察、徹底的探索、整然的思路、縝密的分析、客觀的觀點、正確的報導、流暢的文章、簡潔的表現、高捷的操守、清晰的良知和成熟的情懷。」(註9)

破除黨國政治神話,出版十數本著作

不過,王景弘在《聯合報》工作後期遭遇重大挫折。服務37年後,以「異類」之名,依例退休。主要是在《聯合報》的最後十年,報社的角色與立場劇變,讓當初滿懷理想入報社的他很陌生,甚至不認識。1990年代,報社偏向以中國新聞掛帥,觀點中國化,主事者介入政治越來越深,「逢李(登輝)必反」立場鮮明;編輯政策受制特定意識形態,非以專業判斷選擇,與新聞「理性、客觀、正派」理想不合。王景弘在另類新聞不自由的苦悶中度過,最終求去。這一感慨,在其著作《慣看秋月春風——一個台灣記者的回顧》一書,有所敘述。

《聯合報》系的轉變,從它在美國的《世界日報》看更明顯。這家1976年於紐約創刊的中文報紙,原負有蔣經國賦予的對付「中共統戰」使命,後來卻披起「民族主義」外衣,換一副面孔,扯台灣後腿,變成中國對美國華人統戰的工具,是為「變色的報紙」。(註10)

王景弘的「治史」同樣成績斐然,出版十本著作,對台灣的貢

獻猶有過之。

　　1980年代起,他出版兩本觀察華府政治、析論雙邊關係的文集:《沒有英雄的年代:華府雜記》(1982)、《中美關係的軌跡》(1987)。接著在《採訪歷史—從華府檔案看台灣》(2000),替台灣人譯介、整理1960到70年代的重大外交事件、包括「反攻大陸」神話、台海衝突、聯合國驅逐「蔣介石集團代表」、「漢賊不兩立」、蔣經國為革新保台而「台灣化」、台灣法律地位,進而揭露黨國當局欺騙人民的內幕,破除政治神話,釐清許多洗腦的迷思,讓史實呈現於台灣人之前。

　　兩年後的《第三隻眼睛看二二八:美國外交檔案揭密》(2002),整理、編譯美國外交檔案有關二二八事件的電報、備忘錄和報告;另就事件發生時,美國外交官解讀事件、台灣人民希望美國扮演及美國實際扮演的角色,撰寫導讀。

　　《開羅會議》及《舊金山和約》是台灣國際與法律定位兩項基石。《強權政治與台灣:從開羅會議到舊金山和約》(2008)一書,還原強權角逐有關台灣地位的曲折與內幕,指出《開羅宣言》被過度膨脹的事實,強調《舊金山和約》才是國際法的重要關鍵。對於動輒以《開羅會議》為「台灣光復」狡辯者,是當頭棒喝。

　　1949年黨國當局被掃地出門,「轉進」台灣,影響了台灣至今的地位與政治。《一九四九大流亡:美國外交檔案密錄》(2011),蒐集當年美國外交官每天向華府提出的政情報告,反映國民黨政府官員對政局的分析、解讀、預測,呈現黨國內部的激烈爭鬥,進而觀察1949這個被不同解讀的一年。

研讀美國官方解密資料,揭露蔣家政權秘辛

美國為準確研判政情,歷來在中國、台灣都找朝野政要訪談;受訪者常樂於配合,透露政治內幕,表達有別於公開場合的個人觀察與評論。《列入紀錄:危疑年代的台灣外交私密談話》(2013)一書,記錄了蔣介石、蔣經國、高玉樹、葉公超、楊西崑、李煥、蔣彥士、翁岳生、康寧祥等人,向美方吐露的私密談話,有助台灣人民瞭解歷史,評斷政壇要角。

尼克森總統在1969年上任後,著手「聯中制蘇」,十年後美國與中國建交。美中建交,既出自冷戰對抗蘇聯的考量,也因美國自以為可藉改革開放,讓中國政經社會轉型。這一如意算盤,如今事與願違,但對台灣衝擊極大;其間歷經尼克森、福特到卡特政府的外交政策變化,台灣命運面臨全盤轉折。《台灣會生存下去:兩蔣因應美中關係正常化內幕1969-1979》(2015),描繪攸關台灣的秘密承諾、分歧、意義及兩蔣政權的交涉立場。

二戰期間,台灣遭美軍轟炸,總督府都未倖免;大爆擊、走空襲、疏開成為「多桑世代」的共同記憶。《台灣走過烽火邊緣1941-1945》(2018)整理官方解密資料,引用軍事史家的戰區文件及紀錄,且參閱專題著作,理出在美軍「跳島」戰略中,改變直接登陸的攻台計畫,改以大轟炸。從而,台灣1941到1945年走過烽火邊緣。這段歷史,黨國當局不讓台灣人知道,反宣揚「八年抗戰史」,本書是以台灣為主體的太平洋戰爭史。

《杜勒斯與台灣命運》(2023)同樣精彩,報導蔣介石政府所不欲台灣人知的台美關係秘辛,拆穿蔣介石蓄意欺瞞人民的反攻大陸神話,也道出蔣介石選擇忘記杜勒斯的緣由。誠然,美國官方檔案

未必全然確合事實，但民主開放、定期解密的官方紀錄顯較威權統治的台灣官方或媒體資訊可信；蔣政權從中華民國及黨國角度所著眼的，也未必等同台灣人民的整體利益考量。

高碩泰：王景弘重建台美關係真實面向

高碩泰剴切地歸納王景弘「治史」的貢獻：「重建或補綴 1950 年代至今許多不為外界所知的內幕，包括台美歷來的交涉、折衝與談判，跨越兩蔣、黨國統治、戒嚴、白色恐怖、海外黑名單、解嚴、斷交、台灣民主化等不同階段的雙邊關係機密文電。……還原歷屆美國政府的對台決策過程、人事跌宕起伏、地緣政治謀略，藉以重現台美關係的真實面向，也補正了若干歷史或人為的訛誤。……成為探討台美關係及對美實務工作的珍貴背景資料。」[註11]

台美人的「華特‧克朗凱」──蕭廣志

蕭廣志，台師大音樂系畢業，科羅拉多大學碩士，製作科羅拉多州「台灣之音」，節目內容多元豐富、錄音品質穩定出眾，廣為台美人稱讚。

1970 年代，台美人社區逐漸擴大，台灣的民主運動也蓬勃發展，台美人對家鄉的政經社會動態關切不已。在網際網路、手機還未出現的年代，取得台灣訊息不容易，美國大眾傳播媒體有關台灣的新聞也不多見；一個以電話答錄機為傳播方式的突破，「台灣之音」（The Voice of Taiwan）應運而生。這是台美人專有的電話兼

廣播功能工具，報導來自家鄉的動態訊息，服務台美人對台灣的訊息渴求和鄉愁，也對台灣民主運動造成了深遠影響。

負責科州「台灣之音」，廣獲各界盛讚

在「台灣之音」曾有的四十幾個分台中，科羅拉多州「台灣之音」甚為出眾，1979年11月由台灣同鄉會募款成立，蕭廣志是主事者。他出身台灣師範大學音樂系，1968年到科羅拉多（Colorado-Boulder）大學取得碩士學位後，任職學校圖書館，長年定居博爾德；這一落磯山下的小城市，風景秀麗，以圓石市著稱。

蕭廣志負責「台灣之音」編採、製作及播音，直到1989年2月28日，歷時10年，甚受歡迎；有聽眾寫信稱讚，他是台美人的「華特・克朗凱」。克朗凱是1960到70年代的新聞工作者，有「最受信賴的新聞人」美譽。在社會動盪的年代，他主播哥倫比亞廣播公司（CBS）晚間新聞19年，堅守「誠信」和「真實」原則，透過反覆查證、深入採訪，為近代新聞工作樹立典範。每晚電視新聞的結束語「事實就是如此」（And that's the way it is）成為流行語。

蕭廣志熱心參與台灣人公共事務，曾加入國際特赦組織（AI）及1985年成立的台灣革命黨，並擔任「美台友誼協會」會長；且以David Shaw及「趙衛台」筆名，發表言論、報導台美人社團活動、投書報紙。他認為，台灣人民無法發出自己的聲音、爭取自己的權利，因此海外台灣人應努力為台灣發聲。同時，由於有音樂專長，他常擔任各地同鄉會音樂節目負責人和指揮。另外，他著有《台灣人政治犯》一書。

「台灣之音」成為海外民主運動重要推手

由他負責製作的科州「台灣之音」,通常每週播出一次,長度15分鐘,與各地「台灣之音」相較,被稱為「訊息最豐富」,也維持最久。蕭廣志對自己長年樂此不疲,曾受訪強調:「很多人想說我一個人在錄音室要做什麼,我覺得這就是做我愛做的事情,我歡喜甘願。真感謝有人給我支持,精神上的支持、財務上的支持,這讓我很滿足。」(註12)

對於科州「台灣之音」,他要言不繁,說明旨趣及態度:注重政治方面和台灣的人權問題,還有台灣人在當時如何被國民黨壓迫、不能喘氣、每日戰戰兢兢,所以種種的社會問題我就會把他寫成廣播稿,由聽眾自己判斷。(註13)

因而,科州台美人1979年到丹佛(Denver)州政府大廈前聲援高雄事件軍事審判的黨外人士活動,「台灣之音」不但現場報導,還收錄了當地幾家媒體新聞廣播聲帶。同樣地,知名作家、語言學家、政治運動者王育德1985年9月在日本去世,蕭廣志打國際電話訪問這位《台灣 苦悶的歷史》作者的夫人林雪梅,禮讚王育霖對促進台灣文化及獨立運動的奉獻。此外,他也常越洋訪問台灣的黨外人士,以利台美人掌握家鄉政治動態。

「台灣之音」功成身退

由於他的專注與投入,科州「台灣之音」不同凡響。它自製節目多元豐富,從編採、檔案、資料應用、錄音、製作都屬上乘,也重視與聽眾互動。因而,最長可有三十分鐘不同規格的內容,也播出台灣民謠,有如製作廣播節目那般認真經營以答錄機為基礎的「台灣之音」,聽者可反覆收聽。

「台灣之音」廣受台美人歡迎，也是台灣民主運動海外重要推手，是台美人科技應用創新的「小兵力大功」。不過，台灣黨國大為緊張且敵視，不但把「台灣之音」列為「叛亂組織」，各地負責人打入有家歸不得的「黑名單」，1980 年還推出「寶島之聲」企圖抗衡，但聽者寥寥。(註14)

隨著台美人《台灣公論報》1981 年創立，台美人群居較多的紐約等地大小華文報紙出現，傳播通訊技術日新月異，各地「台灣之音」先後完成時代任務，走入歷史。科州「台灣之音」是最後關台的，1989 年的二二八這一天，劃下休止符，蕭廣志一直居住於博爾德。

台灣的拉赫曼尼諾夫——蕭泰然

蕭泰然，1938 年生於高雄，音樂作品蘊含對台灣深摯的情感，描繪台灣重大歷史演變，創作《1947序曲》、《台灣魂》、《玉山頌》等大型樂章，也有許多台灣味十足的小品。

出生於高雄鳳山的蕭泰然，是台美人另一典範。集鋼琴、指揮、作曲、作詞家於一身的蕭泰然，以對台灣深摯的熱情，融合台灣民間歌曲於西方浪漫樂派，提升為國際水準，加上宗教的情懷，創作感動心靈的樂章，旋律優美，形成卓越的個人風格，其音樂才華與作品特色有如俄國音樂家拉赫曼尼諾夫（Sergei Vasilyevich Rachmaninoff），因此有「台灣的拉赫曼尼諾夫—最後的浪漫主義鋼琴詩人」之譽，一生得獎無數。

譜寫〈台灣翠青〉，獲「台灣西貝流士」禮讚

蕭泰然先後留學日本武藏野音樂大學、洛杉磯加州大學（UCLA）。他創作《一九四七序曲》，是台灣第一部紀念二二八事件的音樂史詩作品。《序曲》描繪台灣人民長期被統治的壓抑與痛苦，決定反抗，前仆後繼，承受反抗失敗的傷痛，奮勇抵抗。接著，以發現美麗之島福爾摩沙，做伙在咱的土地、咱的心內，種一欉樹仔，期待〈愛與希望〉釘根成長。最終歌頌美麗島〈台灣翠青〉，獨立今欲出頭天，四族群平等相協助。

以樂章史詩歌頌人民保鄉衛土的奮鬥，俄國音樂家柴可夫斯基（Pyotr Ilyich Tchaikovsky）《一八一二序曲》讚頌俄國人民擊敗法國拿破崙大軍入侵，芬蘭作曲家西貝流士（Jean Sibelius）激發其國人對抗俄國的《芬蘭頌》，都是經典之作。特別是西貝流士，其民族音樂和浪漫主義音樂特色，於蕭泰然的作品風格及情感也充分展現，有人因此又以「台灣的西貝流士」禮讚他。

〈台灣翠青〉屢獲新版國歌美譽

〈台灣翠青〉由基督長老教會牧師鄭兒玉作詞，1975 年在美東台灣人夏令會，發表〈流浪海外台灣人的心聲〉一文，道出身為台灣的主人，卻因「黑名單」而返鄉受阻的心情。幾年後，蕭泰然與他見面，對台灣選手參加 1984 年洛杉磯奧運，感慨「何日何時咱台灣選手，來此大會競爭一等的，大會就唱咱的國歌，又升咱的國旗咧？」兩人乃決定合作〈台灣翠青〉。這一氣勢磅礴、文辭優美、旋律動人的歌曲，較諸現行「三民主義，吾黨所宗」，貼近人民土地，感召人心，高明甚多，難怪屢獲民間新版國歌的首選。

綜觀蕭泰然一生，最應強調的是他的台灣心。

他為台灣譜出《福爾摩沙》交響曲、《玉山頌》、《啊！福爾摩沙—為殉難者的鎮魂曲》、《一九四七序曲》，以及大提琴、小提琴、鋼琴三大協奏曲。除了巨作，蕭泰然的各式作品〈蕃薯不驚落土爛〉、〈來自福爾摩沙的天使〉、〈台灣是寶島〉、〈原住民組曲〉、〈客家綺想曲〉、〈蘭陽舞曲〉、〈嘸通嫌台灣〉⋯⋯，在在凸顯不論身處何地，心繫的一直是台灣。

台灣心也展現於蕭泰然台灣味十足的作品。〈出外人〉、〈白鷺鷥〉、〈驚某調〉、〈龍舟競賽〉、〈阿母的頭髮〉、〈上美的花〉⋯⋯，都展現他的濃郁台灣情。在有名的〈點心擔〉，他表達海外遊子所思思念念的美味點心，總是碗粿、貢丸、肉圓、鵝肉、擔仔麵；楊桃湯、冬瓜茶也比 Seven Up、可口可樂，更能令人「心涼脾肚開」。

至於改編的台灣歌謠，不論單獨成曲或組成大樂章、以聲樂或管弦樂表現，〈望春風〉、〈農村曲〉、〈燒肉粽〉、〈望你早歸〉、〈黃昏的故鄉〉、〈思想起—恆春古調〉，都使這些傳唱已久的美妙樂音，以更細緻的形式走向國際，在知名樂壇演奏，讓更多國際人士欣賞音樂的台灣。正因如此，蕭泰然的作品是台灣的，也是普世的；是國際水準的，也是庶民可以欣賞的。有如蕭泰然所說，音樂表達感情，他深愛福爾摩沙，因而透過音樂表達這一情感，且播傳世界。

被列入「黑名單」，思鄉情成創作養分

蕭泰然的台灣心與音樂才華，與出身長老教會家庭密不可分。他從小接受教會音樂薰陶，向鋼琴家母親學琴，加上在台灣、日本、美國的作曲等音樂專業深造，「台灣國民樂派第一人」、「台

灣音樂靈魂的代表」於焉產生。正因如此，他也譜出聖歌、聖詩、神劇等許多宗教音樂。

有如眾多台美人，蕭泰然也因他的台灣心而遭遇麻煩。1980年，他因創作〈出頭天進行曲〉被戒嚴時期國民黨政府列入「黑名單」，有鄉歸不得，但他化思鄉之情為創作不斷，發表諸多重要作品。公元兩千年，他得以在首次政黨輪替的陳水扁總統就職典禮，以《玉山頌》祝賀台灣邁向新局。曾榮獲2004年國家文藝獎、2009年行政院文化獎。

尊崇蕭泰然，台灣可師法芬蘭。在芬蘭，西貝流士肖像印在一百馬克鈔票上，直到2002年芬蘭採用歐元；他12月8日生日，芬蘭人掛國旗慶祝，是為「芬蘭音樂節」。加上在二二八事件紀念會演出《一九四七序曲》，都足以彰顯這位「台灣史上最傑出音樂家」的台灣心及成就。

1963年，蕭泰然從台灣師範大學畢業後，到高雄市立二中（今前金國中）當音樂老師，筆者初中三年級受教於他，「蕭邦（Fryderyk Franciszek Chopin）」、「鋼琴詩人」、「浪漫樂派」等朗朗上口，校運時還為我們做了一首簡單班歌。我高中參加高雄中學合唱團，至今對古典音樂興趣不減，都拜他之賜。

台美人的孟嘗君──廖國仲

廖國仲，雲林縣西螺人，1968年隻身前往紐約法拉盛闖蕩，先取得居留權後，廖國仲接妻兒前來，憑藉妻子精湛的手藝，在美國針織事業取得亮眼成績。廖國仲熱心支持海外民主運動，慷慨解囊，有「台灣人的孟嘗君」美稱。

1983 年春,筆者完成在柏克萊加州大學學業,前往紐約市皇后區法拉盛繼續新聞工作。不久,有幸見到彭明敏教授,此後,彭教授由他所居住的美國西部奧勒岡(Oregon)州來到法拉盛,我常有機會親炙。彭教授是許多人的台灣意識啟蒙老師,40 年間我一直得到他的啟發,不論在美國或在台灣。

在法拉盛,彭教授提到一位台灣同鄉廖國仲,對他關照甚多。後來,筆者從當地楊次雄醫師、許嫦憑等友人得知,廖國仲是創業有成的企業主,很有台灣心,熱心台灣及台美人社區事務,也為許多剛到法拉盛的台灣新移民,特別是家庭主婦,提供了在家打工的機會,以補貼家庭收入。

為人謙和熱忱不計較,「善事一牛車,講話無半聲」

1980 年代,法拉盛因台灣移民擁入,呈現蓬勃發展。廖國仲是法拉盛台美人開拓者之一,一生在法拉盛住了三十幾年。人生旅途中,事業或有變化,他對台灣的關懷與愛心、對台灣同鄉事務的贊助,長年不渝。謙和、熱誠、不計較,「善事一牛車,講話無半聲」是他樹立的典型;「台灣人的孟嘗君」是法拉盛台美人對他的讚詞。73 歲仙逝時,台美人以低吟〈黃昏的故鄉〉送他遠行。

廖國仲原名廖清讚,昭和七年(1932 年)出生於台灣雲林西螺,從小喜愛繪畫,台南師範畢業後,在崙背國校擔任美術老師。以原配早逝,他離開傷心地,轉赴台北,白天當國校老師,晚上就讀中國文化學院。後來,與苗栗苑裡籍的廖貴卿結婚。

1964 年,彭明敏與兩位學生謝聰敏、魏廷朝發表〈台灣人民自救運動宣言〉,遭黨國當局逮捕,彭明敏被判刑八年,雖在國際壓力下獲假釋,仍軟禁在家。廖國仲對彭教授為台灣前途所做的先知

主張及膽識,十分感佩,經由友人介紹認識彭明敏,常不顧周遭特務嚴密監視和自身安危,提著水果前往探視,因此結下長年情誼。

1968年冬,廖國仲來到法拉盛。此地居民以白人為多,有少數日本裔,在長島鐵路、七號地鐵、高速公路LIE(495)開通,並於1930及60年代兩度舉辦世界博覽會之後,成為紐約市新興地區。台灣移民於1970年代陸續到來,並於1980年代與韓國移民,成為法拉盛亞裔主要族群。

皇天不負有心人,經營針織業大成功

廖國仲移民美國,先在紐約曼哈頓停留數月,再到法拉盛。他從開魚店開始,後來轉到蔡仁泰所經營的「大道」日本食品店,負責魚市部。生活穩定後,他把妻小接到美國,太太精於女工,到法拉盛一家針織廠織衣,補貼家計。有朋友從台灣寄來毛衣樣品,希望能在「服裝之都」的紐約找到市場。太太因需在家照顧年幼的孩子,慫恿他到曼哈坦找機會。廖國仲於是按電話簿,逐一找服飾商面談。

皇天不負有心人,他最終在曼哈坦第57街找到一家服飾店,願給機會一試,太太依樣做出兩款針織洋裝,交貨後對方很滿意,陳列櫥窗大受歡迎。就此,廖國仲夫妻踏進針織業,隨著生意順利開展,他們買機器、請員工、教織法,從自家地下室做起,逐步壯大。

創業需要打拚與開創。由於業務成長,事業茁壯,他進一步自創品牌,延聘服裝設計師、行銷經理、開設展示店室,推出Wellmore品牌,走高品質、高價位路線,且在服飾專業雜誌刊登廣告,打出名氣,銷路暢旺。為因應業務擴大,他還蓋了廠房,員

工兩百多人,年營業額六、七百萬美元,在針織業發達 27 年;個人也投資房地產。(註15)

為台灣民主化運動出錢出力

為事業打拚之外,廖國仲支持台灣民主運動與維護台灣尊嚴,奉獻不遺餘力,也積極支助台美人社區活動。1970 年代晚期,他捐了一千美元給從紐約草創的「台灣之音」。(註16)台灣民主人士到紐約募款,法拉盛台灣會館或社區有需要,他都慷慨解囊。彭明敏一九九六年競選總統,廖國仲放下美國的事業,回台灣一年,擔任競選辦公室主任;2000 年退休後,他擔任紐約區僑務委員。此外,他 65 歲開始漫畫創作,以「老猴」筆名,發表三本反映台灣政治與社會的漫畫集。(註17)

廖國仲 2005 年去世,彭明敏專程從台灣到法拉盛參加追思典禮,強調從 1960 年代起,包括他在海外流亡 23 年間,廖國仲始終毫無間斷地關懷、協助,可說是贊助他最多的人;這種情義,他永遠銘記在心。

法拉盛的台美人黃再添說,台灣人裡就是有這種幕後大力出錢,卻不吭聲也不掛名的人,只要有人挺身做運動,就有人暗中支助,這就是台灣人運動生生不息的原因;而廖國仲就是這些「可敬的台灣人」中的佼佼者。(註18)

參考文獻

註 1:〈黃仁勳以台語開場立標竿〉,《自由時報》社論,2023.5.30。
註 2:〈黃仁勳稱台灣是「最重要的國家」中國網友喊抵制〉中央社,2024.6.3。
註 3:〈美超微大爆發!苦熬 30 年終於看到 DLC 直接液冷技術翻轉〉,《聯合新聞網》,2024.7.5。
註 4:〈披 Taiwan 彩帶贏得美國亞洲小姐理工女孩張芳瑜喊台灣是國家〉,中央社 2023.11.20。
註 5: "S0201: Selected Population Profile in the United States". *American Community Survey 2019*.

United States Census Bureau. Retrieved January 31, 2021.

註6： American FactFinder, United States Census Bureau. "United States - Selected Population Profile in the United States (Taiwanese alone)". Factfinder.census.gov. Archived from the original on 2020.2.12. Retrieved 2011.12.26。

註7： 王景弘，《慣看秋月春風――一個台灣記者的回顧》，台北市：前衛，2004，〈前言〉。

註8： 同上註，〈序〉。

註9： 同上註，〈序〉。

註10： 王景弘，《慣看秋月春風――一個台灣記者的回顧》，台北市：前衛，2004，頁145-161。

註11： 高碩泰，〈一位正港的新聞工作者〉，《自由時報》，2024.7.22。

註12： 台灣敘事力協會博爾德訪談，2019.8.30。

註13： 「媒介與抵抗：北美『台灣之音』傳播行動」，二二八國家紀念館，2024.2.24。

註14： 「媒介與抵抗：北美『台灣之音』傳播行動」，二二八國家紀念館，2024.2.24。

註15： 楊遠薰，〈紐約針織企業家廖國仲的故事〉，台美史料中心，2015.5.27。

註16：〈張富雄，「台灣之音」的回顧〉，台美史料中心，2014.8.6。

註17：〈廖國仲生平略歷〉，台灣海外網，2005.10.2。

註18：〈廖國仲先生告別式在紐約台灣會館舉行〉，台灣海外網 2005.10.2。

第 8 章

返鄉報效

　　台美人在各領域成就非凡者,濟濟多士,返回台灣效力者,也不勝枚舉。台灣民主化之前,不少遭列入「黑名單」的台美人,冒著牢獄之災的風險,勇敢闖關,前仆後繼,爭取返鄉的基本人權。

　　解嚴之後,「黑名單」走入歷史,結束在美國生活,回歸家鄉與台灣人民一起打拚者大增,助成家鄉民主、自由、繁榮。

「國家有難,我必須回去,參與苦難。」

——潘賀華(Dietrich Bonhoeffer,德國神學家,1939年從美國返回納粹德國參與反希特勒活動。)

台灣民主化之前,不少遭列入「黑名單」的台美人,冒著牢獄之災的風險,勇敢闖關,前仆後繼,爭取返鄉的基本人權。台灣民主化之後,「黑名單」走入歷史,結束在美國生活,回歸家鄉與台灣人民一起打拚者大增。有如廖述宗教授所強調,「建設成為一個獨立、民主、進步、有品質、有尊嚴的國家」,是許多台美人對家鄉的共同心願。

台美人的台灣魂

以行動返鄉、報效台灣的張燦鍙,1991年12月闖關。在放棄美國籍的信函中,道出心聲:**「我在美國生活將近30年,在這裡受教育,取得博士學位、就職,受到美國民主制度的洗禮,獲益良多;我心裡非常感激,我想要把這種新的經驗帶回台灣,畢竟台灣才是我的家鄉。」**(註1)

台美人這一心境,本質上展現了極具台灣特色的人文精神。

台灣俗語「食果籽,拜樹頭」、「蕃薯嘸驚落土爛」,都可表達台美人不論「人在美利堅、心在美麗島」,或返回家鄉打拚的傳統根源。其中,「食果籽,拜樹頭」有飲水思源的意義,「蕃薯嘸驚落土爛」從其下一句,「只求枝葉代代湠」,更有愛鄉土、願犧牲、喜奉獻的特質。台灣人常以「蕃薯仔囝」自稱,此因番薯生命

力旺盛,長得酷似台灣島的形狀,番薯因而常被引為台灣人不屈不撓精神的象徵。蔡振南主唱的台灣名歌〈母親的名叫台灣〉,歌詞就以「兩千萬粒的蕃薯仔囝」指稱台灣人。

濟濟多士返鄉貢獻鄉土

張燦鍙回鄉後,1997年當選台南市長,其後積極推倡台灣民主、文化,期盼建設台灣為東方瑞士。台美人報效台灣,不只政治一途,學術、科技、經濟、外交、社會運動、公共建設,都有台美人踴躍回鄉投入,並因借鏡歐美國家經驗而注入新意,採行先進制度,讓台灣多年來挺立於內外諸多挑戰,在民主繁榮之路走得堅強而有力。

台美人在各領域成就非凡者,濟濟多士,其返回台灣效力者,也不勝枚舉。例如,彭明敏在美國領導反抗台灣威權統治運動,返鄉後曾參與總統大選,一生高風亮節,是台灣的民主導師。李遠哲是唯一台灣出生的諾貝爾獎得主,擔任中央研究院院長,主持教育改革,支持台灣主體政權,力促積極因應地球暖化。再如張忠謀,以其科技專業,主持台灣積體電路公司,成為全球半導體業巨擘,為台灣的「護國神山」。除了這幾位家喻戶曉的人,台美人返鄉在其他領域報效者,所在多有,典範良多。

下列所述的,是作者曾親炙互動,並為其以行動落實濃郁台灣心而感佩的例子。必須強調,返鄉報效而貢獻台灣者絕不只於此。

返鄉奉獻不求回報的台美人

蔡同榮——講台語蓋高尚的「蔡公投」

蔡同榮，嘉義布袋新塭出生，1969 年取得美國南加州大學政治學博士。留學期間投身海外民主運動，被黨國當局列入「黑名單」。1970 年出任台灣獨立建國聯盟首任主席，一生致力推升台灣國際地位與民主化發展，返鄉後從政、興辦「民視」、大力倡議住民自決的公民投票，有「蔡公投」美稱。

蔡同榮是「蕃薯仔囝」回報台灣的典範。他 1990 年回台灣之後，力推公民投票，以「蔡公投」著稱，其後從政期間，打破黨國長期壟斷電視台，並形塑「講台語蓋高尚」的典範，以行動報效心所愛的台灣，實踐了「只求枝葉代代湠」的一種模式。

反感黨國體制，早年參與反對運動

蔡同榮昭和 10 年（1935 年）生於嘉義布袋，那是日本時代最後第十年，小學受過三年日本公學校教育；經歷不同外來政權轉換，包括少年時期的二二八事件。與黨國首次交手，是就讀台灣大學法律系三年，投入學生代表聯合會選舉，得票超過中國國民黨籍人選，成為歷來首位黨外代聯會主席，因此任內受盡黨國掌控的校方刁難。(註2)

1960 年 6 月，台南關仔嶺靜樂旅社有一場以歡送蔡同榮、劉家順赴美國留學的聚會，43 位參加者主要是台大校友，大都對黨國

體制反感,關心雷震、李萬居等當時正籌組的反對黨活動。事後有人向情治單位檢舉,指與會者密謀台灣獨立活動,台大政治系畢業的劉家順遭調查局約談,出國留學受阻;同行的蔡同榮雖未遭留難,其他參與者陸續遭約談、逮捕或軍法判刑。倡議這一「關仔嶺事件」的蔡同榮、侯榮邦、羅福全、張燦鍙、陳榮成等人,後來都成為海外台灣獨立運動要角。(註3)

留學的日子很辛苦。蔡同榮回憶,自己英文不夠好,字典不離手,英文書平均一小時才念二、三頁,每天只睡六、七小時,隨時隨地用功讀書,常是學生中最後一個離開圖書館,次日又最早去。學校規定報告及論文不准手寫,他練習打字,但速度慢又常出錯,幾頁文章常需從晚上到天亮才完成。留學第一年無暇打工,第二年夏身上所剩不到 1,000 美元,期末考後,立即搭 20 小時巴士到紐約,在飯店、鄉村俱樂部洗碗一天十小時,也當過高爾夫球場桿弟,每星期工作七天。(註4) 早年台灣留學生的打拚精神,由此可見。

過人的遊說募款長才

先後於田納西（Tennessee, Knoxville）大學和南加州（Southern California）大學取得碩、博士學位後,蔡同榮到紐約市立大學（CUNY）教授政治學。在美國的近三十年間,他擔任台獨聯盟主席,出任 FAPA 創會會長,遊說美國國會議員,對促進台灣走向民主,確保台灣安全,提升台美人地位,貢獻良多。

1980 年代以降,美國國會有利台灣民主的法案不斷推出,大都出自台美人的群策群力,蔡同榮在其間發揮過人的遊說長才,功不可沒;除了從外部施壓台灣黨國步向民主,確定台灣移民配額每年

2萬人且與中國分計,同意出售 F-16 戰鬥機給台灣⋯⋯等都屬之。他不僅因參與台美人為甘迺迪參議員競逐民主黨總統提名募款而建立長久關係,與參議員裴爾、眾議員索拉茲的交情也匪淺:索拉茲是紐約布魯克林(Brooklyn)選出,他任教的市立大學就在當地;1990 年他返鄉奔喪,得到裴爾協助。

遊說需要募款,蔡同榮以善於募款著稱。募款工作不容易,但他總是「嘻皮笑臉」,做得津津有味,非募到款絕不放棄,且秉持一個原則:做就對了,勇往直前,毫不畏懼。據說,由於這一募款特質,有些台美人拒絕死後和他葬在同一墓園,以免他來「膏膏纏」。(註5)

在美國期間,除了教書和為台灣爭取民主,他曾定期在《基督教科學箴言報》發表文章,分析台灣政治情勢與發展。該報是一份短小精悍,著有聲譽的全美國發行質報,台灣出身的學者很少有蔡同榮這樣的功力和機會。蔡同榮的文章經翻譯後,刊載於紐約發行的《台灣公論報》。(註6)

「蔡公投」力推公民投票行使直接民主

離開台灣三十年後,蔡同榮一回家鄉,立即推動公民投票。黨國體制下的台灣,厲行少數統治,急需改變,他力主透過公民投票的直接民主,決定公共事務及住民自決。蔡同榮創立公民投票促進會,並以聖火長跑、遊行等方式,喚起民眾;1990 年為推動公投法立法,還發動「410 絕食公投活動」。人們稱「蔡公投」或「台灣公投之父」的美名,因此而來。

關於公投,他有名言:

> ### 民間全民電視股份有限公司
>
> 1994年1月28日,行政院有意開放台視、中視、華視以外的第四家無線電視頻道,在媒體解禁浪潮下,由蔡同榮等人成立的「民間傳播股份有限公司」與張俊宏所屬的「全民電通投資股份有限公司」合併成立「民間全民聯合無線電視公司籌備處」,正式向新聞局提出申請。1995年6月16日,民視通過新聞局評審委員審議,正視掛牌成為台灣第一家民營無線電視台。

「用公投來決定台灣人的前途,這是最和平最民主,也最有效的一個方法。」;「國家的前途人民的自決,這是國際上承認的一種制度,公民投票是落實人民自決的一個方法。」(註7)

其後,蔡同榮從政,1997年到2012年擔任立法委員,不僅促成《公民投票法》2004年實施,在立法院問政和公開場合講話,包括接受新聞媒體訪問,都盡可能說母語。台灣社會因長期主政的外來政權敵視母語,說母語長期被打壓,與「蓋高尚」沾不上邊,自我感覺良好者不為也。蔡同榮以身為美國大學教授,講話母語優先,對扭轉台灣人民被長期洗腦而導致的社會遺害,有一定的作用。諾貝爾獎唯一台灣出生的得主李遠哲,也樹立這種範例:說母語蓋有水準,絕不是「阿公阿嬤」的專利。

此外,他1996年擔任民間全民電視(民視)董事長,這是台灣「老三台」(台視、中視、華視)之外,民營第一家、無線電視台

純情的台灣人──台美人　157

第四家。民視的創立與壯大,打破黨國長期壟斷無線電視台,對台灣主體和本土節目的重視,著有貢獻。

熱愛長跑,一生為台灣而跑、為民主而活

蔡同榮留下典型,他喜歡長跑,常要與人比伏地挺身。從去世之後結識者的讚語,可看出他精彩的人生:他當立委,滿口台灣話,北京話不輪轉,土裡土氣,樸實無華,可說是台灣可愛的政治人之一;他是為台灣而跑、為民主而活的「清教徒」。陳水扁如此刻畫蔡同榮:有勇有謀,信仰、目標、行動力兼具。(註8)

鄭紹良──海外台灣人運動的聖人

鄭紹良,曾任總統府顧問、無任所大使,出生於澎湖馬公,負笈美國獲西雅圖華盛頓大學(UW)航空機械工程博士。他是早期電腦科技應用飛機和橋樑設計先驅,任職美國航空太空工程界30年。一生推動台灣獨立運動,曾率眾千人赴聯合國表達台灣入聯心聲。

相較於「蔡公投」,有「海外台灣人運動聖人」美譽的鄭紹良,樹立台美人返鄉報效的另一典範。

鄭紹良昭和9年(1934年)出生於澎湖馬公,在美國三十二年間,任職航空太空工程界,積極參與海外台灣人民主運動,「黑名單」解除後,1992年陪同彭明敏教授返鄉,以引介美、日科技人才與技術,致力民間科技交流,擔任科技無任所大使等職務,回報家鄉。

鄭紹良有溫良恭儉讓的君子風範，力能做大事，卻不矜其能；最佳的例子，是出任美國台灣獨立聯盟主席。1970年，時任行政院副院長蔣經國訪美，在紐約廣場飯店門口遭鄭自才、黃文雄行刺。這一「四二四刺蔣案」，引起全球對台獨運動的關注。事後，台獨聯盟蒙上暴力形象，內部也因究責而起紛爭，有分裂之虞，鄭紹良不計毀譽，挺身而出，以其才德，穩住局面。

率眾表達台灣入聯心聲

他任內的1971年9月，聯合國大會開會當天，在聯合國大廈前發動著名的鎖鍊示威活動，參與者以鎖鍊纏身，凸顯台灣人在黨國統治下的惡劣處境，《紐約時報》等國際媒體大幅報導。聯合國在1971年10月，通過第二七五八號決議，以中華人民共和國取代蔣家黨國領導的中華民國，留下台灣國際地位及聯合國席位的爭議。次年，鄭紹良在紐約市主持台灣民眾大會，前此逃脫台灣、輾轉從瑞典前來美國的彭明敏，發表石破天驚、震撼人心的演說，會後並率會眾近千人前往聯合國，表達台灣人要求加入聯合國的心聲。(註9)

早先，從1960年代起，他在留學與就業所在的西雅圖，推倡並組織台獨運動。擔任台獨聯盟主席後，他與彭明敏一起推動全球台獨組織的串連和整合，促進海外台灣人民主運動，後來並確立台灣為獨立運動的主戰場。為此，他曾協助當年黨外等諸多台灣民主活動：康寧祥主持《台灣政論》、許信良在美國發行《美麗島週報》及闖關回鄉等行動，他都以在美國、日本豐沛的人脈支持和資助，因此被列榜「黑名單」，長年望鄉而歸不得。

返鄉之後，鄭紹良競選澎湖的立委未成，其後除了參與彭明敏

純情的台灣人──台美人

1996年競逐史上首次總統直選活動，主要投注心力於科技創新及應用層面，促進台灣產業升級和國際化，特別是與美國、日本的人才及技術交流。

台、日、美的高科技交流橋樑

鄭紹良報效台灣有道，不僅出自一生不渝的台灣心，也因具備深厚高強的學力。他從台大土木系畢業，參與台灣電力公司大甲溪上游谷關水壩興建工程，到美國獲得西維吉尼亞（West Virginia）大學土木結構碩士後，考上土木工程師執照，再相繼取得華盛頓大學應用數學與電腦碩士、航空機械工程博士學位。

與眾不同的經歷，更讓鄭紹良出類拔萃。先後任職於波音（Boeing）、麥道（McDonnell Douglas）、洛克威爾（Rockwell）等航太飛機公司，負責軍用、商用飛機設計二十多年，參與波音737、747、B1轟炸機、C-17運輸機、太空梭等機體結構設計；還曾領導人工智慧（AI）研究團隊，為早期AI技術的理論基礎墊基。

美國之外，他也是日本AI產業的先驅。曾任東京大學先端科技技術研究所客座研究員，把AI推廣應用於日本、菲律賓的產業，包括為東芝創立AI管理系統，且在日本與歐洲的產業會議，倡議以亞洲技術網路為平台，成立「亞洲知識共同體」；還曾在美國洛杉磯創立公司，從事電磁波無線通訊的科技產業。在台灣，他致力與日本科技、醫療交流，從日本引進資金、技術、人才協助台灣中小產業發展高科技，也引介台灣科技及醫療業者到日本，並經常奔波於台、日、美之間。台灣政府聘他為科技無任所大使，實至名歸。

「人格者」一生為台灣

鄭紹良被稱人格者,其養成來自家教及時代背景。他屬於受過日本教育的「多桑世代」,出生的1930年代是日本時代的黃金時期,幼年受父執輩大正教養主義教育薰陶,閱讀日本文學及新思潮刊物,培養理性感性兼具的人文素養,以源自日本文學的「物の哀れ」理念,為人生基調;即感知外在事物,對物移情產生幽情、哀傷等情緒,感慨人世無常而珍惜生命。大學時代常閱讀台大圖書館承接的日文藏書,尤喜愛曾來台灣的日本作家北原白秋詩作。「多桑世代」歷經空襲、國籍轉換、二二八、白色恐怖,通曉數種語文,台灣心常在,質樸實在打拚……,鄭紹良的一生言行,展現的正是這一台灣精神。

一生為台灣的鄭紹良,身後有一位志同道合的太太:生化博士黃美玲。鄭紹良忙著大、小事時,她是背後默默「炒米粉」、「添水加茶」的英雌,兩人攜手五十五年,「足跡遍及全球、跨越種族,一起體驗豐富多元的人生」,每逢歷史關鍵大事,同在一起,一同驚慌、痛苦、憤怒、歡呼。2019年8月,兩人同遊萊茵河,共唱日語版《羅蕾萊之歌》,鄭紹良卻驟然仙逝於旅途。

高貴心靈與血淚成就台灣民主

許信良追念他的一段文字,最足發人深省:「SHOW(紹良)和夫人都是頂尖的國際科技菁英,他們在國外比在台灣更能發揮個人所長。但是,他們都心繫台灣、心繫民主,從年少到年老!台灣的後起之秀應該知道:台灣的民主是多少高貴的心靈和血淚所凝聚,今後保護它並不比當年爭取它更容易!」(註10)

吳樹民——醫師、報人、社會文化巨擘

吳樹民，畢業於高雄醫學院，美國內科專科醫師。返鄉承接《自立報系》，在戒嚴時代為台灣人喉舌、爭取言論自由空間。吳樹民成立台灣北社與台灣社，主持醫界聯盟和重要本土社團，堅守台灣文化主體性，志在建立有社會公義的現代台灣新國家。

吳樹民是返鄉報效的另一典型。他在美國行醫二十年之後，回到台灣辦報，從事社會運動，主持本土社團，致力醫療外交，振興台灣主體文史研究。

他是第一位台民選台北市長吳三連的五子。他的兄長、吳三連的次子吳得民曾任北美洲台灣人教授協會（NATPA）會長，是台灣大學、美國威斯康辛大學訓練的經濟學者，1983年11月任內把「選舉觀察團」概念引進台灣，由該會廖述宗、張旭成、陳榮耀三位成員組團回台灣，觀察當年立委選舉，並提出觀察報告，供各方參考，且列入美國國會紀錄。

返鄉接辦自立晚報

吳三連戰前留學日本，曾任《每日新聞》記者，吳樹民1941年（昭和16年）在日本東京大森出生，五歲回台灣。高雄醫學院畢業後，經實習及兩年內科醫師歷練，1969年前往美國，在芝加哥、堪薩斯市等地行醫，表現優異，後來擔任密蘇里（Missouri-Kansas City）大學醫學院臨床教授、國家醫學院院士。

與許多台灣留學生一樣，吳樹民一到美國，就體驗了自由民主

風氣和制度。堪薩斯市是中西部大城，有台灣人社區，他行醫的日子過得充實，也參加同鄉會、醫師會、教授協會等台灣人團體，對威權統治下的台灣情況至為關注，有機會就向來人探問家鄉事。他的高醫學弟陳永興以社會改革為志，一次巡迴演講路過堪城，與吳樹民談到吳三連主持的《自立晚報》，強調對台灣政治社會改革至關重要，鼓勵他返鄉接辦。

於是，1988 年，吳樹民返鄉，次年接任《自立報系》發行人。《自立晚報》創刊於 1947 年十月，1965 年改組，吳三連擔任發行人兼社長，次年專任發行人，秉持客觀、中立、本土原則，在威權時代爭取言論自由空間，對當時黨外運動多所支持，並推動本土文化及出版。1988 年《自立早報》成立，組成《自立報系》。

吳樹民克紹箕裘，接手《自立報系》，戒嚴時代接辦這一家「誓做台灣人民喉舌、無黨無派的報紙」，極關緊要。他擔任發行人四年期間，台灣報業因 1988 年初報禁解除而進入戰國時代，競爭激烈，政治社會也發生重大變化：李登輝總統歷經「二月政爭」、野百合三月學運、郝柏村擔任行政院長、《懲治叛亂條例》廢止、《刑法一百條修正案》通過、立委全面改選……，《自立報系》都為讀者提供本土而平衡的報導分析，與後起之秀《自由時報》、南台灣的《民眾日報》相互輝映，和親黨國的《聯合報》、《中國時報》或「兩大報」，分庭抗禮。

積極投入社會運動與衛生外交

1993 年 1 月辭卸《自立報系》發行人後，吳樹民繼李鎮源擔任台灣醫界聯盟董事長。李鎮源是國際知名藥理學家、中央研究院院士，兩人「由於理念上高度疊合，以及同樣具有醫學背景，發展出

亦師亦友、亦同志亦同道的深厚情誼」。聯盟以推動社會運動、衛生外交、醫藥專業訓練為宗旨，鼓勵台灣知識份子，尤其是醫界人士，走出醫院與學校的白色巨塔，成為感受社會，進而關懷社會的醫界良心。^(註11)吳樹民也因此投入社會運動及衛生外交。

其中，台灣因中國作梗，長期被排斥於世界衛生組織（WHO）之外，參與其最高權力機構 WHA 年會通常受阻，醫界聯盟因此推動以台灣之名參與，每年五月 WHA 開會期間，前往瑞士日內瓦的會場外，爭取參與機會，近年已受到更多國際支持，這是台灣未竟大業。醫界聯盟在專業之外，也關懷並參與社會政治議題，2016年3月曾建議特赦陳水扁前總統。

領導本土社團，堅守台灣文化主體

吳樹民的社會參與，也具體表現於 1993 年，與蔡同榮、李鎮源、李應元等設立「民間傳播公司」，爭取台灣第一家民營無線電視台，即今民視的成立。更重要的，由於他的眾望與領導能力，在台灣本土化過程，台灣北社及台灣社成立，都由他擔任首屆社長。2001 年成立的北社，旨在建設一個有社會公義的現代台灣新國家，推動民主法治、改善媒體品質、促進國民意識、提升台灣文化、推廣公民教育等深耕台灣的工作。2006 年成立的台灣社，主要結合台灣南社、北社、中社、東社等而成，強調台灣主體性。另外，他還擔任 2008 年成立的台灣國家聯盟總召集人，這是本土社團的平台，以「監督政府、維護主權、發展台灣」為宗旨。

社會運動之外，吳樹民所念之在之的，主要是台灣主體文化。他強調：

「回台灣以來，有個不死的心願支持著我。我深信台灣社會要更

好,台灣文化要重建,則台灣人的意志絕不能消沈。……面對二十一世紀的挑戰,台灣需要求新求變,創造屬於自己的國家和社會。」^(註12)

他擔任吳三連台灣史料基金會董事長,與張炎憲等歷史學者蒐集整理出版台灣史料,並定期頒發吳三連文藝獎,表彰對台灣文化、藝術有貢獻的傑出人才。

箕裘相繼,台灣紳士典型一脈相承

為公共事務奔波,吳樹民擔任總統府資政、國策顧問、無任所大使,但不忘醫療本行,每週固定在台北仁濟醫院看診,主持醫界聯盟基金會與衛生署合辦臨床試驗的課程計畫,擔任財團法人生物技術開發公司董事長,並兼任教職於高醫、北醫。

吳三連一生從事報業、企業經營、主體文化提振、政治社會變革,卓然有成;吳樹民箕裘相繼,喬梓並茂,台灣紳士典型,一脈相承。

林逸民──放眼天下的名醫健筆

林逸民,宜蘭五福眼科院長,奉獻眼科醫學研究與教學40餘年,以「草地醫生」深耕偏鄉,同時積極參與公共事務。林逸民主持福爾摩沙共和會,擔任台灣聯合國協進會理事長,主張以台灣之名加入聯合國,此與正名、制憲同列台灣國家正常化三大目標工作。

醫師返鄉樹立報效台灣的典型，還有林逸民。

林逸民昭和 18 年（1943 年）出生於台中豐原基督教家庭。從小就慎思明辨，挑戰傳統。中學時在週記質疑孔老夫子「三人行必有我師」，認為人皆有所長，即使兩人，也可有可師法之處。對「己所不欲，勿施於人」也不以為然，有如自己喜歡吃綠豆、不喜愛紅豆，剛好姊姊愛吃紅豆，為什麼不能把紅豆給姊姊吃？再如孟子稱讚柳下惠：「爾為爾，我為我，雖袒裼裸裎於我側，爾焉能浼我哉？」，也未必全可適用於不同年齡者。這些質疑，導致他被退學。

拒絕應試三民主義，勇於挑戰威權

同樣是挑戰威權，他參加大學聯考，卻拒絕應試「三民主義」一科，結果仍考上中國醫藥學院醫科。大學畢業後，留學日本大阪醫科大學，再到美國聖路易華盛頓大學（Washington University in St. Louis）醫學院，內科主任問他是否知悉澎湖有一位終身奉獻、服務痲瘋病人的傳教士白寶珠（Marjorie Ingeleiv Bly）姑娘，基督徒的他回以知道；主任適巧是白寶珠的親人，乃介紹他進華大眼科接受專科訓練，從此開展他的眼科醫學服務之路。

在美國的職業生涯一帆風順，林逸民發揮台灣人打拚開創的精神，通過美國眼科專科醫師執照考試，從主治醫師、眼科主任進而獲得美國外科學院院士及美國眼科學院院士（FACS）榮譽。除了擔任華大臨床副教授，也曾赴德州大學眼科擔任臨床教授。1986年，他發明「林氏雙凸人工水晶體」「Lin's Lens」，奠定如今人工水晶體的眼科主流技術。

1988 年，台灣傳來其岳父陳五福醫師健康出狀況的訊息。台北

帝國大學畢業的陳五福，是日本福島大學醫學博士，在家鄉宜蘭羅東行醫，窮人就診免收錢，且設習藝所助盲者學技謀生，以「慕光」為名，有「台灣史懷哲」美稱。林逸民出國留學前，曾在「五福眼科」工作，岳父的一句話對他影響極大：「沒有一件事是小事，像眼睛雖小，卻能發揮影響力，並與身體其他器官環環相扣。」

僅管在美國專業有成，林逸民告訴妻子陳美倫：「我現在四十五歲，我母親四十八歲去世，我可能只活到四十八歲，不想自己沒有對台灣貢獻（就走了）！」就這樣，夫婦放下美國的一切，返鄉投入眼科醫療和盲人社會工作。

接手岳父志業　深耕偏鄉

林逸民1992年回台灣，接手「五福眼科」，承繼岳父志業，以「草地醫師」深耕偏鄉，引「YAG雅鉻雷射手術」進台灣，奠定了後來的眼科雷射治療基礎，並積極參與公共事務。1996年，他當選第三屆國民大會代表，每年提議廢除《中華民國憲法》，也透過修憲等途徑推翻萬年國會不合理體制。大專聯考曾「拒絕三民主義」的他，曾有「扳倒三民主義教授」的事例。當時，他與新黨籍的國代馮滬祥爭辯「三民主義以中文還是英文撰寫」，馮一向以研究三民主義自詡，堅認「當然是中文」。雙方爭議由國大議長錢復當公親，找學者查證，結論是孫文為實現民權主義，所著《民權初步》，確曾大量引用《羅伯氏規則》（*Robert's Rules of Order*），或稱《會議通則》，並參考美國女權運動者夏塔克（Harriette R. Shattuck）的《婦女議事手冊》（*The Woman's Manual of Parliamentary Law*）一書，林逸民所言為真。(註13)

他也推倡政經社會的保守主義，加入並曾任福爾摩沙共和會理事長。2018年成立的福和會，強調保守價值為「以穩健的方式務實地解決問題，以可永續的經營思維來發展進步；尊重個人權利，人人有平等機會，維護市場自由，減少政府干預，反對激進與顛覆，反對共產主義極權專制」。多年來黨國體制偏向「萬能政府」，本土的民進黨也因「進步」而偏左，福和會的保守倡議，其實反映台灣所需要的價值及政策路線。

致力推動國家正常化

他強調，歐美政黨不論如何輪替，都認同國家，以國家利益為先，只是對國家利益認知與施政路線不同，而有左右之分。但台灣的在野黨，對國家認同錯誤，不以台灣利益為要，常以中國利益為先；對台灣人來說，這根本是叛國行為，以致歷次選舉都是捍衛國家之爭，而無左右輪替的空間。他期許台灣正常化，有兩個以上本土政黨，都以台灣為唯一、最優先，只在左派與右派的不同理念，進行正常政權輪替，一如歐美主流民主國家。福和會希望推動台灣有正當的右派，與世界的右派交流。[註14]

此外，他擔任「台灣聯合國協進會」理事長，亦即以台灣之名加入聯合國，此與正名、制憲同列台灣國家正常化三大目標工作。

林逸民還經常發表文章，論文集《放眼看天下》2023年5月出版，討論社會關切的公共議題，並提出改革之道。其論述既深且廣，立足於台灣，有正派的台灣心，從事件背景及歷史正本清源，也有寬廣的國際觀，旁徵博引，舉各國前例為他山之石；且在專業論事之際，不脫離常識常理及普世價值。他筆端顯現濃郁台灣情懷，以台灣人的角度論事，期盼強化主體性，建設台灣為正常國

家,寬廣的心志躍然紙上。

投身偏鄉醫療,建立視障弱勢非營利組織

必須強調,回到台灣之後,深耕偏鄉,投入醫療及盲人重建仍是林逸民的主要工作。他扶助視障弱勢的非營利組織(慕光盲人重建中心)、推動偏鄉民眾醫療服務(宜蘭縣及花蓮縣眼科義診)、陪伴病患生命臨終關懷的機構(安寧照顧基金會)、參與經營醫療事業機構(馬偕紀念醫院)、培育下一代醫事人才。

此外,林逸民以行動實踐個人信仰與服事教會。2018 年,他獲頒中國醫藥大學傑出校友,在短短一千字的感言中,五度讚美上帝,以「一個卑微的瓦器」自況,並引述《新約聖經》〈哥林多後書〉四章七節:「但我們有這寶貝在瓦器裡,要顯明這超越的能力,是屬於神,不是出於我們。」

楊黃美幸——從家庭主婦到無任所大使

楊黃美幸,日本東京出生,東海大學畢業,紐約復旦大學社會學碩士。早期從事海外民主運動,1987 年當選「全美台灣同鄉會」會長,是歷史上第一位女性會長。她熱心推參與公共及外交事務,關心台灣民主化發展,屢次在國際場合爭取國際社會支持台灣。

台灣由於處境特殊,在國際社會受到不公平對待,加以內部的國家認同分歧未解,外交工作尤為艱辛。返鄉報效的台美人,有的在突破台灣外交困境著力,楊黃美幸是箇中翹楚。

二戰結束前的昭和19年（1944年），她在日本東京出生，兩歲隨父母回台灣。父親黃天縱是弁護士（律師），回鄉後擔任法官；母親高雅美為聲樂家；先祖可溯及長老教會第一位台籍傳教士高長，娶原住民為妻。家族這些特質，在楊黃美幸和兒子身上可以找得到。她東海大學畢業後，1969年往紐約復旦（Fordham）大學就讀，取得社會學碩士學位；東海、復旦都是教會學校。她熱心公共事務，有法官父親的正直、本土；次子呈偉為紐約百老匯舞台劇演員。

強化台美人社群連帶，任全美同鄉會長

她外科醫師夫婿楊次雄，48歲時改行，1988年在紐約法拉盛創辦第一銀行（Amerasia Bank），為日漸增多的台灣移民服務。兩人熱心參與台灣人活動及服務：楊黃美幸1984年初擔任大紐約地區台灣同鄉會長，楊次雄同年7月與周烒明醫師等創立「北美洲台灣人醫師會，擔任第二任會長。

楊黃美幸服務台美人，從同鄉會做起，繼紐約台灣同鄉會長後，1987年擔任全美台灣同鄉會會長，同樣是首位女性會長。1989年，她出任FAPA副會長，會長彭明敏。在逐漸壯大的台美人社區、邁向蓬勃民主化的台灣、關心台灣前景的美國議員之間，肩負重要的連結及促進任務。

從此，在紐約及全美，由她主事的活動不斷：在紐約林肯中心辦台灣人大音樂會，邀台灣演藝者吳樂天等全美巡迴訪問；在紐約亞裔文化節設台灣館；參與籌設紐約台灣會館；在紐約成立「第一畫廊」提供台灣藝術家展出場地；擔任全美同鄉會長時發行《台灣文化》雙月刊；籌劃並成立北美洲台灣婦女協會（NAWA）。

安排國際友人訪台,加速民進黨組黨時程

1984年9月,她安排美國小姐梅仙麗(Mai Shanley)訪問台灣;這位佳麗的母親是台南人,父親愛爾蘭裔,為海外同鄉會首次主辦返台活動。當局因事涉同鄉會,連美女來訪都有意刁難,原協辦的扶輪社對此有所顧忌,最終由吳三連出面,《自立晚報》及吳三連基金會統籌,才順利成行,轟動一時。托梅仙麗之福,「黑名單」上的楊黃美幸得以返鄉。

有此突破,1986年7月,楊黃美幸帶紐約青少年弦樂團回台灣環島演奏。在福隆海水浴場為政治犯子女關懷營演出時,當局如臨大敵,出動鎮暴部隊戒備;那個年代,「台灣」兩字,尤其來自海外的活動,當局都疑懼並壓制。

同年8月,她再安排國際民主協會(NDI)會長艾特伍德(Brian Atwood)訪台,這是在全球推動民主的非營利組織,由美國政府資助。艾特伍德在台北中山國小發表演說,二、三萬人參加,許多黨外人士受到鼓舞,有助促成同年9月民主進步黨建黨。當年在場的民進黨創黨元老游錫堃,2023年5月以台灣國會議長身份到美國哈德遜研究所(Hudson Institute)演講,特別向艾特伍德致謝。艾特伍德告訴游錫堃,沒想到自己37年前一場演說,加速了民進黨的組黨時程。

積極爭取國際社會支持台灣

另外,楊黃美幸1988年、1990年兩度出席美國眾議院外交委員會亞太小組聽證會,闡明「台灣民主化癥結及挑戰」及「台海兩岸關係」。1990年主辦於夏威夷大學東西中心(East–West Center),以「台灣民主化之因素、變數及展望」為題的國際會議。

楊黃美幸1990年受邀參加國是會議,與廖述宗等海外代表正式突破「黑名單」。其後,她決定單身返鄉報效,加入民進黨,負責國際、財務等工作,也曾到台南市政府服務。

其間,有鑒於國際支持的重要,她爭取德國自由黨基金會（FNF）支持,民進黨成為國際自由政黨聯盟（Liberal International）的積極會員；聯盟許多成員也是歐洲議會議員,近年屢次通過決議,支持台灣、譴責中國,都由其動議。同樣地,1993年FNF在台北籌組亞洲自由聯盟（CALD）,她積極參與促成,推動以國際法、台灣歷史及民主化過程,向國際社會闡明台灣人心聲與主權獨立國家的事實,爭取國際認同及信任,贏得CALD創設之母（Founding Mother）暱稱。

致力服務僑民、深化國際邦誼

2000年台灣首次政黨輪替,她放棄美國籍,被延攬進入公部門,先後任職外交部、僑委會、台灣民主基金會、行政院推動轉型正義委員會。她長年參加聯合國非政府組織婦女地位委員會（CSW）會議,擔任國際自由婦女聯盟（INLW）副主席,創辦並擔任亞太自由婦女協會（APLW）理事長。因而,推動本土化、服務僑民、改革外交、把台灣觸角伸向國際組織,是她主要工作目標。

楊黃美幸2017年受聘無任所大使,卻因認為蔡英文政府處理國際關係畏首畏尾,2019年6月辭職。她所在意的,是蔡政府任內,諾貝爾和平獎得主達賴喇嘛、世界維吾爾代表大會主席艾沙及前任熱比婭都未能來訪；連馬來西亞「乾淨與公平選舉聯盟」主席瑪利亞陳阿都拉（Maria Chin Abdullah,陳青蓮）2017年來台灣領取

民主基金會「亞洲民主人權獎」，都遭蔡政府冷落。[註15] 這些事例讓她覺得，沒有立場為台灣的民主人權在國際間辯護，而「台灣被排斥於國際組織之外是人權問題」。

或因對蔡英文表現不甚滿意，2019年元月，彭明敏、李遠哲、高俊明、吳灃培四位台派大老，以公開信勸諫蔡英文不要競選連任總統，楊黃美幸曾參與幕後協調。

為民主與人權，與國際友人情義交陪

此外，為回報國際支持，她展現感性的霸氣。2022年5月，有感於捷克在國際社會大力支持台灣，她自掏腰包，買下被中國以取消訂單報復的佩卓夫（Petrof）鋼琴，回贈捷克愛樂交響樂團。為此她前往首都布拉格致意，參與首場音樂會，並到諾貝爾和平獎得主哈維爾（Václav Havel）墓園致敬。贈琴上的一行字道盡其中情義：**「向哈維爾總統及愛好自由捷克人民致敬，感謝他們的友誼和對台灣的支持」**。[註16]

這就是楊黃美幸：從一個溫室裡的家庭主婦、中小企業創投業者，蛻變為台灣民主運動及人權的捍衛者，長遠的台灣無任所大使。在美國、台灣都心懷台灣，並為此出心、出力、出錢奮鬥不懈的台美人。

參考文獻

註1：張燦鍙，《八千哩路自由長征》，台北市：前衛，2006.11。頁99-100。
註2： 我要回去，蔡同榮，《我要回去》，高雄市：敦理，1990.9。頁20。
註3： 侯榮邦，〈回首關仔嶺事件〉，《自立晚報》，1993.4.7。
註4： 蔡同榮，《我要回去》，高雄市：敦理，1990.9。頁32-33。
註5： 鄒武鑑，〈為台灣而跑、為民主而活的「清教徒」—蔡同榮〉，銳傳媒，2023.12.10。
註6： 盧世祥，〈追念故人—蔡同榮〉，紀念蔡同榮博士「台灣前途」研討會，2014.5.17。

註 7： 〈「台灣公投之父」蔡同榮逝世 11 週年為台灣民主深化貢獻大〉，民視新聞台，2025.1.11。
註 8： 〈阿扁專訪林逸民醫師〉，《有夢上水》第八十九集，微微笑廣播網。2022.9.11。
註 9： 林衡哲，〈學養深厚的台獨運動人格者—鄭紹良博士〉，台美人網站，2019.8.30。
註 10： 許信良，〈緬懷這位海外台灣人運動的聖人〉，鄭紹良博士紀念網站，https://www.dr-johns-cheng.tw，2021.1.6。
註 11： 吳樹民，〈堅持理念無私奉獻—典範永照台灣的李鎮源院士〉，《民報》，2015.12.3。
註 12： 吳樹民，《台灣獨立運動的先聲：台灣共和國》序，台北市：吳三連台灣史料基金會，2000.2。
註 13： 〈阿扁專訪林逸民醫師〉，《有夢上水》第八十九集，微微笑廣播網，2022.9.11。
註 14： 林逸民，〈期待台灣有正當的右派〉，自由廣場，《自由時報》，2025.1.14。
註 15： 陳水扁，〔新勇哥物語〕，第 455 集，2023.9.30。
註 16： 〈楊黃美幸贈琴向哈維爾和捷克人民友誼致敬〉，中央社，2022.5.8。

第 9 章

傳承台灣文化

　　台美人不論教育程度、所得水準,較各族裔都相對突出,他們心懷家鄉、不忘台灣母語、吃台灣料理、歡慶傳統週、參與運動賽事「台灣日」、為台灣正名⋯⋯。

　　台灣文化因他們的努力,在民族熔爐的多元美利堅社會,不斷傳承壯大。

「台灣四百年前以原住民為根源的文化，因漢化而式微，近一百年來開始自覺；只要堅定信心，追求心靈改造，一步一步重新釘根，台灣本土文化必有爬出漢化的迴旋樓梯，開花結籽的一天。」

——吳金德（舊金山灣區台語小説創作者）

科技大廠輝達（NVIDIA）創辦人黃仁勳近年在台灣大受歡迎，不但每年從美國回到他出生的家鄉，在台灣投資，設立輝達海外總部，帶動人工智慧（AI）的發展與投資熱潮，公開場合還總是台、華、英三語並用，開朗、熱情而台灣味十足的言行，到處引發「仁來瘋」。

2023年夏，他應邀擔任台灣大學畢業典禮致詞賓客，強調不管夢想有多大，只要有決心和毅力去實現，就可達成。事業成就之外，他在台大畢業典禮最受歡迎的，是開場白講了一段台南腔的台灣母語。在一開始「大家好！」的華語問候之後，他以台灣台語說：

「我今仔日（今天）本來想共欲（說要）跟恁（你們）講台灣話，但是越想越緊張，我佇（在）美國大漢（長大），所以我的台灣話這馬（現在）不是足標準，壓力傷懸（太高），所以今仔日還是跟恁說英文，好嗎？OK，咱開始！」[註1]

濃濃的「台味」且和藹可親，引發現場師生笑聲、掌聲與歡呼。

台灣人的母語消失危機

　　這一堪稱台大最有特色的畢業致詞開場，凸顯了重要的事實背景。台南出生，九歲前往美國求學的黃仁勳，一直沒有荒廢台灣母語，與大多數在美國的台灣人家庭一樣，第一代與第二代台美人大都保留台灣母語。相較如今大多數母語式微甚或瀕臨滅絕的台灣社會，年逾六旬的黃仁勳和家人所保留台灣母語，且在台灣最具代表性的學府發聲，實有如空谷足音。誠如台大校長陳文章所說，黃仁勳尊重並與不同背景的人溝通協調，勇於挑戰創新，值得學習。

　　移民社會的台灣，原本是語言的萬花筒，自古以來，就是多族群、多語言相互輝映的美麗之島。最早的原住民都屬南島語族，但彼此語言仍有差異。其後幾個外來政權，分別帶來新語言元素。台灣文化包含南島、西洋、漢、日本等要素，多樣母語並存與活絡是增進各族群之間瞭解、尊重、包容及欣賞的不二法門。不過，在二戰後獨尊北京官話為「國語」，且禁止「方言」政策幾十年，聯合國教科文組織（UNESCO）2001年認定，台灣各族母語或竟滅絕，或已式微。

　　戰後黨國當局壓制台灣母語的禍害，未因黨國體制垮台而終止，隨著當年被剝奪母語能力的孩童長大為人父母，其下一代母語能力幾遭摧毀殆盡。近年的調查與國際評比顯示，在網路及全球化最需擴大向外聯結的時代，台灣年輕世代的母語及英語水準卻同告衰退，僅「國語」一枝獨秀，嚴重限縮了個人及整體國際觀和眼界擴展。台灣現今正以《國家語言發展法》保障並推動各族群語言發展，建構有心學習母語者的友善環境，落實「學習母語是基本人權」。民間與官方也正積極把英語列為官方語言，有如香港有「兩文（中、英文）三語（粵、英、華）」官方語言，新加坡更多達四

種,台灣獨尊「國語」的自閉局面不應再持續了。

台美人保留母語　教育後代

　　台美人保留較多母語,主要是父母與孩子以母語溝通。家庭是使用並保留母語的最佳場所。財團法人黃昆輝教授教育基金會2024年3月的民調顯示,近七成民眾認為台灣各族群母語正逐漸面臨消失危機,經常使用母語的比率隨年齡層降低而明顯遞減;近七成民眾認為孩子不會說母語,主因是家人也不說。(註2)

　　國際間衡量一種語言是否有消逝之虞,大致有幾個標準。人數是其一,語言如果無人通曉,即為死語;使用者越來越少的語言,就瀕臨滅絕。年齡是其二,語言若使用者都是老年人,青少壯者不用,即前景堪慮,有消失之虞。另外,兒童是語言存亡絕續的關鍵,讓六歲孩童覺得有價值而使用,語言才有未來;不教且孩子不學的語言,不只瀕臨滅絕,且注定消失。

　　從上述判準和民調來看,儘管程度不一,台灣除了「國語」之外,所有族群的母語都已式微或瀕臨滅絕。年輕一輩不用或不通母語是最大危機,20到34歲自認會說母語者僅45％,年輕人顯已無法完整使用母語;65歲以上、濁水溪以南的中南部說母語比率較高,但近兩成七僅偶而使用。另據文化部2020年「面臨傳承危機國家語言」調查,也發現華語以外各母語的明顯傳承危機:台語在三代之間使用率降低近六成,客語降了七成,原住民語更降了九成。

台語淪為弱勢語言,關鍵在家人不說

　　年輕人不通母語,有如上述民調所指出,主要是家人也不說。

家人不說母語，形式上是選擇了較強勢的「國語」，更可能是家長自己也不會說母語或說不好，凸顯了戰後獨尊華語偏差政策的後遺症，其為害台灣母語之烈，遠甚於戰前日本時代：歷經 50 年殖民統治，台灣各族母語大都猶存。

必須強調，大多數公眾不認為在家與孩子說母語不利學校學習，「家人不說」才是最大危機。這就凸顯近年只靠政府推動、學校實施的母語教育和傳承，顯有不足。現實上，家庭是活學活用母語最佳場所，阿公阿嬤對孫子說「國語」，尤為戕賊母語傳承的幫凶。台灣要挽回母語消失危機，關鍵在個人的警覺與文化傳承責任。大部份台灣人對語言的危機，渾然不覺，甚至當了滅絕自己母語的幫凶。所有族群至少可從日常生活做起，停止類似阿公阿嬤對孫子說「國語」的不自然。台灣的文化部有「培育台語家庭計畫」，以「做伙 kóng Tâi-gí」為號召，推動家人一起說台語、傳承母語，如能落實，好事一樁。

台美人自發性行動，創設會館保留台灣文化

台美人從美麗島來到美利堅，周遭使用英語，保留母語絕非易事，但只要父母有心，在家庭維持母語不絕，週末或學校教育之外，還送孩子上台語或華語學校，母語至少在第一代和第二代之間，得以保留。心繫家鄉的第一代台美人，因家庭鄉音不輟，母語在相當程度得以延續。

同時，台美人也自發性地透過族群或社區集體努力，以保留或增進下一代母語使用能力。BBC 報導台美人在美國 2024 年大選的抉擇時，就提到紐約市法拉盛台灣會館，指其推廣台語文活動，是台美人的活動中心之一。(註3)

成立於 1986 年的台灣會館，由台美人籌資創設，致力包括傳承台灣文化及促進台美文化交流等目標。2021 年，在台灣僑委會鼓勵下，成立台灣華語文學習中心，負責推廣以台灣文化為特色的華語教學。台灣會館以社群媒體和電子報，透過社群平台推廣實體課程資訊，並分享台灣文化相關內容。此外，也積極參與如「Passport To Taiwan」等大型社區活動，吸引人們參加遊戲互動，提高對課程興趣。

台灣會館擴大母語教育師資，推廣台灣文化

　　台灣會館還邀台灣的母語及文化學者前來，以研習營方式，增進母語教學及學習。台中教育大學台灣語文學系何信翰教授曾受邀分享專業見解和教學；課程包括：「台語在當代社會的運用與未來展望」、「台語基礎發音及各地不同腔調」、「俗諺與台灣文化」、「台語書寫／電腦輸入法介紹」、「聽歌學台語」、「土豆是馬鈴薯還是花生？台語和台灣動植物生態」等實用課題。[註4]

　　包括紐約、新澤西、康乃狄克等三州的大紐約區，台灣移民約 25 萬多人。據僑委會統計，大紐約區僑校約 60 所，有中文學校協會，推動大型文教及師資培訓；各校亦多配合台灣僑教政策，推廣正體字教學，宣揚傳統台灣多元文化，且採用僑委會編印或補助的教材。[註5]

　　大洛杉磯台灣會館轄下的台灣學校，是另一範例。會館舉辦「台語研習及電影欣賞」活動，課程包括台語文老師講授「學台語唸冊歌」，「台語美音・三聲如歌」，也播放懷舊台語電影「地獄新娘」等，增進參與者對母語的應用及興趣。[註6]

主要城市的台灣華語文學習中心

南加州是台美人最多的地區。以留美國後就業的專業人士、前往經商創業者為主。在大洛杉磯、亞利桑那州大約有 111 所僑校,學生約 2 萬 5 千人,有的還設立「台灣華語文學習中心」。

至於北加州的舊金山灣區,台美人社團眾多,人才輩出。在促進母語教育,有北加州台灣語文學校聯合會等組織,分別從語文研習班、師資培育、正體漢字文化推廣使用著力。同時,北加州台灣會館等機構及學校,也成立台灣華語文學習中心,提供更多學習中文的機會。

再以大華府地區為例,台灣移民估計約二萬人,與台灣官方密切連繫的中文學校約計二十所。多數中文學校採用僑委會提供的教材教學,並以教授正體字為主。各校除推展華語文教育,也經常舉辦跨校際學、才藝競賽活動,積極傳揚台灣文化。(註7)

至於其他台美人居住的的地區,台美人也重視文化傳承,人數較多的,設有中文學校,利用星期六或星期日上課,教育下一代子女;人數較少的,也常有家庭式小班制授課學習。

紐約台灣會館、北加州台灣會館、華府台灣學校、新澤西新海中文學校、矽谷中文學校……都是曾由僑委會評選為「台灣華語文學習中心」推廣示範的標竿學校,也是台美人社區致力保存母語的尖兵。(註8)

賴清德盛讚台美人,宣揚台灣文化

除了台美人的努力,台灣官方也扮演協助推動角色,提相關輔助。台灣民主化之後,僑委會轉而重視海外台語傳承,協助台語教

學。從舉辦台語教師來台灣研習、在地師資培訓、教材提供、歌唱比賽等活動加入台語元素、設置台灣台語學習網，也與國內五所大學組成的「台灣母語聯盟」合作，遴派台語專長講座赴海外巡迴授課，以輸出台灣優質台語教學，促進海內外台語教師交流。整體來說，僑委會以虛實境並進的教學方式，強化海外台語教學各項協輔措施，期能增進海外子弟對於台灣國家語言及文化的認識，感受台灣本土文化魅力，培育海外延續多元文化的新生力量。

賴清德總統 2024 年 11 月在總統府會見全美台灣同鄉會時稱讚，所有鄉親人在海外，心在台灣，對台灣不只有很深的感情，也具強烈的使命感；同鄉會不僅舉辦各種文化活動，促進台灣和美國社會交流，熱心參與公益服務，也非常注重台語教育，並提供獎學金，支持在美國求學的台灣學生。[註9]

多元融合的飲食文化

母語教育及使用是台美人維持台灣文化存續的要務，另一項是具有族裔特色的飲食，且展現於近年漸受重視的台灣美食。

台灣以美食著稱，對老一輩的台美人來說，家鄉的飲食，不論料理、點心、飲料，都永遠令人回味無窮。不僅如此，台灣人一向善於開拓創新，表現於餐飲，也不斷推陳出新，從平民飲食到精緻餐點，在台灣、在美國、在國際社會，都常有令人垂涎的進展。

音樂家蕭泰然曾把台灣美食寫入作品。在有名的台灣台語混聲四部合唱曲〈點心擔〉中，他細數並表達了海外遊子所思思念念的台灣美味，舉凡蝦仁、香腸、米糕、碗粿、菜粽、肉粽、熟肉都令人食指大動。各地知名小吃，新竹摃丸、台中鵝肉、彰化肉圓、老鼠麵、台南擔仔麵、安平蚵仔煎、虱目魚、鱔魚麵、高雄海產，點

心料理美味而讓人齒頰留香。即使是飲料，台式的楊桃湯、冬瓜茶和美國的 Seven Up、可口可樂相比，也氣味天差地，更能令人「心涼脾肚開」。

飲食料理是文化的重要一環，台美人即使移民海外，也把家鄉味存留於日常生活，並繼續發揚光大。從文化歷史看，台灣料理或飲食文化，是斯土斯民的人文產物。

台灣文化多元，見諸民間菜系料理

台灣是南島語族的原鄉或祖居地，近四百年來又有不同族群加入，先來後到，都為台灣料理增添美味；即使外來政權，人去政息，增添且留下多元的食材、烹調、風味，至今也長留於台灣菜之中。台灣因而有豐富而特色十足的料理文化，歷經歷史人文變遷；南島、荷西、漢、和、西洋，加上晚近因開放而新加入的東南亞、南亞等元素，乃至於西式速食，都揉合而造就了台灣多元美食，成為招來國際觀光客的亮點。

其例不勝枚舉。原住民因其居住地靠海靠山不一，小米、芋頭、檳榔心、菜蔬、鹹豬肉或（蘭嶼）飛魚干為其風味餐所常見。荷蘭人帶來荷蘭豆（豌豆）、番茄、芒果等食材。漢人開拓台灣，男性無妻的羅漢咖眾多，一鍋煮的羹菜營養又方便，各地因食材而有魷魚羹、土魠魚羹、滷白菜等各式羹類；宜蘭羅東曾以伐木盛極一時，肉羹即供勞動人民體力所需而流傳為當地美食。其他如台菜、客家菜、日本料理等亦各具特色。二戰之後，來自中國的京、魯、川、蘇、浙、閩、粵、湘八大菜系進入並主導餐飲市場多年，晚近才見扭轉。

飲食文化的歷史變遷

必須強調，各族群先來後到所帶入的飲食，因食材、口味、環境變遷，經長時間調整、改變而在地化；而台灣經濟社會邁向富足，也有助料理的推陳出新，從庶民小吃到宴席菜餚都如此。

另外，有些美食雖冠上地名，其實未必是原產地。萬巒豬腳來自屏東萬巒，問題不大；但蒙古烤肉並非出自蒙古，東石蚵也未必全產自嘉義東石。最有名的是牛肉麵，原係戰後移入的老兵以四川菜風味湯頭搭配牛肉開創特色小吃，非四川原產；中國較有名的是蘭州牛肉麵。事實上，台灣牛肉麵除了主要的紅燒、清燉之別，各地也因作法、配料、湯頭各有巧妙，出現台南式牛肉湯、番茄、蔥燒、麻辣、沙茶、咖哩……，足供饕客各取所需。

還有些食品，名實之間，不無差異。近年廣受觀光客歡迎的鳳梨酥，內餡在鳳梨醬之外，常加入冬瓜醬。做餅者未必蓄意以冬瓜混充鳳梨，而是鳳梨纖維較硬，加入冬瓜相對柔軟而增益口感。另一方面，在化學物泛濫時代，有些芋頭酥可能使用紫色素及添加物。

台灣菜是一種身份認同

從而，台灣料理在歷史文化變遷過程，因融合、改變、創新而形成特色。政治有時促成這一轉變，但「民之所欲」的社會、經濟等看不見力量，也常為促變的因素。台灣料理近年因而隨著社會民主、多元、富裕，逐步找尋自己的身份，突出有特色的美食地位。這種變化，在台灣如此，海外的台美人社會，亦復如是。

主要轉折點或在 2000 年，陳水扁於台灣戰後首次政黨輪替當選

總統，就職國宴以「四季宴」為名，其中「夏之育」端出虱目魚丸湯及台南碗粿，凸顯了總統平民化及本土化的風格；「冬之養」也以芋薯鬆糕，代表族群融合。(註10) 陳水扁好的開始，其後的總統就職國宴，食材的本土在地、當令成為趨勢；台菜自成風格而登大雅之堂，擺脫「中國菜」的大帽子，蔚為潮流。

經由餐飲美食突出台灣特色的演變，近年在國際社會普遍關注台灣的趨勢中，也相當明顯。2024 年 11 月，描述日本時代兩位在不同文化教養成長的台灣及日本女性，因緣巧合進行了一趟台灣縱貫鐵道美食之旅，《台灣漫遊錄》一書繼同年 5 月其日文版《台灣漫遊鐵道的兩人》得到日本翻譯大賞，再獲頒「美國國家圖書獎」，即為其例。此書作者楊双子說，寫作是為了回答「台灣人究竟是什麼人」。《華盛頓獨立書評》(*Washington Independent Review of Books*) 強調，本書不只是一場美食家的盛宴，更是一段深入兩位令人難忘女性內心的旅程。(註11)

台灣料理登上國際舞台

台美人社會的這一趨勢近年更為明顯。一如其他移民，一到所移居社會，除了保存或調整變化原鄉飲食習慣，推廣家鄉美食，也常從簡單而容易被接受的餐飲開始。早期華人在美國推出以炒、炸為特色的炒飯、雜碎等中國菜；中國的梁啟超二十世紀初出遊美國，據傳曾言「僅紐約一隅，雜碎館三四百家，遍於全市」，即為其例。台灣近年出現的越南河粉、春捲，也是類似情況。台美人在美國，從台式便當菜、刈包、牛肉麵、鹽酥雞、珍珠奶茶、芒果冰到近年的鼎泰豐，同樣是由簡入精的生活文化發展。

重視飲食文化新聞的《紐約時報》，三不五時在〈風尚〉版的

「美食與美酒」欄報導美、台兩地的台灣美食。2015 年,該報曾以〈三杯雞,台灣情與台灣味〉為題,報導來自台灣的三杯雞。2019 年進一步指出,台灣美食正在宣告自己的到來。(註12) 在美國,台灣美食曾面臨能見度的問題,但經由年輕台美人廚師和餐廳老闆嘗試努力,層次感強、特色鮮明、具多民族特色的台灣美食,正逐漸改觀並獲新的名聲。重新塑造美國的台灣菜、提供傳統台灣料理、在店名中用台灣字樣的餐廳正明顯成長。舉例來說,如:舊金山灣區的台菜連鎖店士林台灣小吃(Shihlin Taiwan Street Snacks)、紐約的台灣原創便當店(Taiwan Bear House)和再來台式家常菜(Zai Lai Homestyle Taiwanese);紐約曼哈頓東村的 886 餐廳,餐廳的名字即來自台灣的電話國別碼。(註13)

台式炸雞與小吃席捲美國

家常菜和便當是台美人推廣台灣料理最常見的開始。台灣原創便當店 2015 年在曼哈頓華埠附近成立,提供與台鐵便當相當的菜色:米飯、排骨或肉燥或雞肉、高麗菜、滷蛋和豆干。在紐約皇后區貝賽(Bayside)的一品香(Mama Lee),也提供簡單的台灣家常菜:菜脯蛋、三杯雞、鹽酥雞、滷肉飯、獅子頭。這家以台菜受歡迎的餐廳,後來搬到布魯克林區,評價和生意都不錯,菜單增添了牛肉麵等台灣美食。該報的餐廳評也曾介紹在皇后區艾姆赫斯特(Elmhurst)的快樂牛肉麵(Happy Stony Noodle),有滷肉飯、蚵仔煎、肉羹、臭豆腐、花枝丸、四神湯、麻油雞湯等台式小吃。此外,在法拉盛等台美人較多的社區,台灣餐館一直興盛。從而,紐約的台菜已從初期的移民家鄉味,經由活絡、創新而在台美人及其他族裔饕客間打出名聲。

同樣地，台式炸雞也逐漸當紅。幾十年來，五香鹽酥雞一直是台灣備受喜愛的街頭小吃。有些廚師在他們的美國店家提供這種美食傳統版，如亞特蘭 Java Saga 餐館的 Chick Bits。它也推出創新炸雞套餐，最受歡迎一種叫 ABC：在稱為「台灣第一炸雞排」的雞排上放上青辣椒—美國奶酪和哈瓦那辣椒芒果醬，配上美國南方風味捲心菜沙拉，還有甜醋泡黃瓜。這款三明治深受顧客喜愛；有別於台灣炸雞，美國炸雞帶有骨頭。

何邱美郁拓展台灣料理版圖

　　同樣是台式炸雞，洛杉磯的 Little Fatty 餐廳菜單上的鹽酥鵪鶉，點綴著炸羅勒葉，用辛辣的蛋黃醬蘸著吃，給人以一種即熟悉又特別的感覺。在密蘇里州堪薩斯城的台灣餐廳 Chewology，提供經典的雞米花，以及夾著台灣炸雞、黃瓜泡菜和辣味蛋黃醬的刈包。[註14]

　　台灣料理受喜愛，佛羅里達（Florida）州也有範例。塔城（Tallahassee）何邱美郁獲台灣僑委會頒贈 2024 年「玉山僑務專業獎章」，昭和六年（1931 年）出生於新竹北埔的她，40 年來從辦學校團體伙食做起，在北佛州經營多家餐館有成，冠上以她 Lucy Ho's 為名的餐廳，從早期的 Bamboo Garden、Oriental Bistro 到現今的 Azu，都遠近馳名。餐館提供台灣、日本、中國等亞洲菜，菜單還包括春捲、炒飯、撈麵不同主菜的台式午餐便當；州長、議員都是她餐館座上賓。另外，她協助輔導後進成功經營餐飲業，捐助日本震災獲頒「旭日單光章」，是台美人的成功故事。

遠近馳名的台灣飲料——珍珠奶茶

珍珠奶茶是近年揚名國際的台灣飲料。在奶茶中加入粉圓的這一手搖飲料，1980年代從台灣中南部出發，廣受歡迎，遍及全國，傳到海外。珍珠是指以木薯等原料做成的小粉圓，較大的稱波霸，在國際間以 Bubble、Boba milk tea 或 BOBA 著稱。珍珠奶茶一般認為，是由加州台美人1990年代引入美國，從洛杉磯逐步擴及全美台美人社區，也受到亞裔、西班牙語裔及其他族裔歡迎。隨著消費族群多元化，珍珠奶茶除了基本款的紅茶、綠茶、烏龍之外，飲料及配料也出現多元而豐富變化，因地制宜，隨顧客或市場需要而調整創新，甚至推出冰淇淋、披薩、土司等珍珠奶茶口味食品。同時，其經營也由始初的單一攤位，逐步打入咖啡屋、茶室等飲料店，且出現連鎖店。

牽動身份認同的飲食文化

一如台菜，珍珠奶茶一旦普及，身份和文化、政治認同的意義應運而生，台美人甚或亞裔身為美國社會的少數族群，透過這一普受歡迎的飲品，找到自身的認同，乃至出現於流行音樂創作、電玩。如今，珍珠奶茶擴及各主要國家，在亞、美、歐、大洋洲都受歡迎。

珍珠奶茶是揚名國際的台灣飲料，同樣地，鼎泰豐為第一個代表台灣美食的國際品牌。美國《外交政策》（*Foreign Policy*）2024年12月有〈以小籠包為軟實力〉的報導，從位於紐約第51街與百老匯大道交匯處的鼎泰豐新店談起，說明鼎泰豐崛起、招牌小籠包及台灣料理在地緣政治下牽引出的身分認同，指鼎泰豐和台積電同樣象徵台灣，不僅讓國際人士提到它就想起台灣，還可能是台灣最

強大的軟實力工具。

報導強調，反映台灣料理多元融合的特色，即使小籠包源自中國，創辦人楊秉彝的孫子亞隆（Aaron）接受《洛杉磯時報》（*Los Angeles Times*）訪問時強調，「我們一直強烈認為，食物必須忠於台灣，也就是我們的起源地」；他是負責鼎泰豐美國業務的楊家子弟之一。

鼎泰豐登陸紐約百老匯大道

鼎泰豐廣受矚目，原因之一是2024年7月在有「世界美食之都」名號的紐約中城新店開張。位於中央公園與時報廣場之間的百老匯大道，可容納500名顧客，是它全球170多家分店規模最大的據點，同樣具有各分店的共同特色：顧客可透過廚房巨大玻璃窗看到師傅製作小籠包。

這家台灣美食帝國，由楊秉彝於1970年代在台灣創立。山西出生的他，戰後從中國到台灣，夫妻從食用油賣起，後來轉以小籠包為主業；經過半世紀發展壯大，如今擴及全球。就在2024年，不僅紐約，也於杜拜、新加坡、泰國普吉島、加州安那罕的迪士尼樂園等地開展新店；台積電在亞利桑那州設廠，鼎泰豐也計畫在附近設分店。

台灣駐美代表俞大㵢受訪談到鼎泰豐，指與許多美國政要交談，特別是去過台灣的人，常提到「有件事你一定要做」：把鼎泰豐帶到華府。[註15]

珍珠奶茶、鼎泰豐之外，台灣餐飲業近年進軍美國市場，也為台灣文化表徵之一美食的國際化，開拓新境界。美食-KY、八方

雲集、王座、瓦城、王品、大成等餐飲業者，正積極在美國投資展店。其中，美食 -KY 的烘焙餐飲品牌 85 度 C 表現最亮眼，在美國業績連年成長，正邁向一百家店、年營收新台幣一百億元目標。以鍋貼出名的八方雲集已有 11 家門市，正朝向建立中央廚房及二十家分店推進。^(註 16) 另外，王座旗下的段純真牛肉麵 2021 年在美國開張，炸雞大獅與快樂檸檬合作，繼光香香雞攜手美食 -KY 打造 J&G 台式炸雞餐廳。另外，鮮芋仙、聖瑪莉、台灣食品專賣店通路 iTaiwan（愛台灣），也在加州展店。

餐飲業心懷美國夢，展現台灣料理魅力

餐飲美食進軍美國，台灣飲食文化延伸國際，既考驗業者，也為台美人提供機會。誠然，美國開店存潛在風險，成本結構、市場競爭、運籌管理、法規、文化差異都是挑戰，但市場廣大，單店業績較易放大，獲利結構或「含金量」相對較高。以段純真的牛肉麵為例，一碗可售 18 美元，約為台灣的三倍；八方雲集鍋貼一顆也賣到約新台幣 21 元，同樣是台灣的三倍。^(註 17)

台灣餐飲業者心懷美國夢，相較於對中國市場夢幻破滅，是時勢所趨。中國近年金錢遊戲破滅，通貨緊縮、消費不振、經濟衰退困局難解，外資及台商撤離。美食 -KY 旗下 85 度 C、王品、乾杯等餐飲業者裁減中國分店，都是顯例。台灣美食打入美國，經營手法各異，直營、加盟、結盟不一，既服務台美人，也為台美人提供商機，增進台灣美食的認同及影響力，前景可期。

台美人積極推動台灣正名

有如傳承台灣母語、吃台灣菜，強化族裔認同也是傳承台灣文

化的具體表現；推動官方人口普查的「正名」，是台美人近年要務，雖尚未達標，已有進展。

美國以往人口普查的「種族」分類，亞裔選項有限且涵括不特定，2000年起，亞裔有單獨選項，但台美人仍被歸於「中國人」項下，台美人因而出現主動填寫「台灣人」倡議，有二十多萬台美人響應而主動填報。2020年，台美人繼續努力，在「自己的認同自己報」（This is who we are. Make it count.）行動中，爭取於普查種族欄位另行填寫注記為「台灣人（Taiwanese）。近年，隨著台灣民主的國際形象不斷提升，美國社會反中民意高張，有更多台美人認定自己是台灣裔，不是華裔。

台美人積極正名，必有實現的一天。在此之前，已有正名成功的例子。1990年代，台美人護照及證件的出生地，一概採用「中國」，經參議員裴爾及眾議員柏曼（Howard Berman）鍥而不捨，於1994年完成立法，由柯林頓總統簽署，正名為「台灣」。

美國社會積極回應台美人文化推廣

台美人傳承並發揚台灣文化，美國社會積極回應，職棒大都會隊的台灣日（Mets Taiwan Day）是一範例。主場在法拉盛花旗球場的大都會，2005年起每年八月中旬舉辦台灣日，邀請台灣貴賓開球，李遠哲、李安、魏德聖、盧彥勳等都曾應邀共襄盛舉。近二十年間，由球團亞洲市場負責人王偉成主事，活動越辦越熱鬧且多樣化，寫下最多台灣人進場的大聯盟賽事另類紀錄，台灣日成為美東台灣人年度盛事，穩坐球團最暢銷主題日。

這一盛事，2024年起改為「AI（愛）台灣日」（AI Taiwan Day），除了延續多年傳承，經台灣商會等台美人團體積極參與，

還加入台灣小吃等活動，以推廣台灣多元文化。大都會台灣日的成功經驗，其他球團見賢思齊，西雅圖水手（Seattle Mariners）、奧克蘭運動家（Athletics）、洛杉磯天使（Los Angeles Angels）等相繼舉辦台灣日。

此外，每年「台美人傳統週」（Taiwanese American Heritage Week），是美國官方與民間共同宣揚台美人文化的重要日子。1999年，國會為表揚台美人對美國社會奉獻，特別指定每年五月「亞太裔傳統月」中的一星期，為「台美人傳統週」。當年五月，FAPA等台美人社團配合展開活動，對內凝聚台美人族裔共識，宣揚台灣民俗文化，對外彰顯台美人的貢獻及成就。這一活動，不僅各地台美人社區主辦活動，各州及地方政府也表彰各領域台美人的貢獻。(註18)

不忘根本的台美人

從而，為台灣正名、心懷家鄉、不忘台灣母語、吃台灣料理、參與運動賽事、歡慶傳統週……，台灣文化在美國不斷傳承壯大；且以台美人不論教育程度、所得水準基本上都相對突出，正在民族熔爐的多元美利堅，突出自己的族裔特色，傳承台灣文化。第二代台美人黃海倫（Helen Huang Yang）2025年5月宣誓就職洛杉磯高等法院法官，是台美人不忘文化根本的具體範例。她在全程使用英語的場合，加了一段台灣台語感謝父母：「我特別要感謝我的爸爸（黃明信）、媽媽（黃雪英），……他們教我台灣的歷史、教育和民主，讓我得到很大的鼓勵。」她強調，台灣文化對她意義重大，希望自己為台美人提高能見度，成為下一代的表率。

參考文獻

註1： 〈黃仁勳以台語開場立標竿〉,《自由時報》社論,2023.5.30。
註2： 〈「台灣母語教育民意調查」記者會〉,財團法人黃昆輝教授教育基金會,2024.3.29。
註3： 〈美國大選倒計時:「台美人」如何選擇特朗普和賀錦麗?〉,BBC,2024.10.31。
註4： 〈紐約台灣會館與僑委會攜手合辦「台語研習營」〉,《大紀元》,2023.6.16。
註5： 〈臺灣台語教學措施〉,僑委會網站,www.ocac.gov.tw。
註6： 〈台灣會館台語研習班 學員興趣盎然〉,《星島日報》,2023.8.31。
註7： 〈僑民聯繫〉,僑委會網站,www.ocac.gov.tw。
註8： 〈2024年僑委會臺灣華語文學習中心鼓勵歐美人士踴躍報名〉,僑委會網站,www.ocac.gov.tw。
註9： 〈總統接見全美台灣同鄉會盼台美合作交流大步前進〉,中央社,2024.11.12。
註10： 蔡子強,〈五張國宴菜單反映台灣政治轉型軌跡〉,琅琅悅讀,《聯合報》,2024.5.22。
註11： 中央社,〈《台灣漫遊錄》奪美國國家圖書獎〉,2024.11.21。
註12： 〈新一代大廚重塑美國的台灣美食〉,《紐約時報中文網》,2019.6.25。
註13： 〈台式美食中的身份與政治〉,《紐約時報中文網》,2019.6.25。
註14： 〈在美國,台灣炸雞正當紅〉,《紐約時報中文網》,2022.6.29。
註15： 〈美媒譽鼎泰豐小籠包最強軟實力與晶片同為台灣象徵〉,中央社,2024.12.15。
註16： 〈85度C美國營收明年有機會破百億八方雲集規模經濟可期〉,《經濟日報》,2025.2.20。
註17： 〈一碗牛肉麵賣到18美元台灣餐飲業搶攻美國市場〉,中央社,2024.9.22。
註18： 〈台美人傳統週〉,台美史料中心,2016.4.27。

第 10 章

外國義人

　　台灣從戰後的民主進程一路走來，得到許多外國友人義助，他們把幫助台灣視為一生志業，積極行動，個人遭受驅逐出境、列入「黑名單」等屈辱，不改其志。

　　台灣人如今享有人權、自由，不應或忘，政府更要表彰奉獻台灣的志士義友。

> 「我們必須選邊站，中立就是幫助壓迫者，而非幫助受害者；沉默只會鼓舞折磨他人者，而非受折磨者。」
>
> ——魏瑟爾（Elie Wiesel，1986年諾貝爾和平獎得主）

台灣戰後歷經黨國威權統治，如今享有自由、民主、富裕，躋身先進國家之列。羅馬不是一天造成的，台灣挺立於內外諸多挑戰，成果也不是天上掉下來的，是許多人努力、犧牲有以致之，不僅有海內外台灣人同心協力、眾志成城，還有許多外國人直接或間接協助，促成大業。近年，中國野心崛起，台灣飽受脅迫，台美人繼續為家鄉打拚，促成美國政府支持台灣，國會跨黨派、朝野的友善力量更為廣泛堅定。

外國友人為台灣所做的，大致可從幾方面說。以時間或階段而言，在威權時代，主要協助促成自由、民主、人權，與台美人形成外部壓力，呼應並支援台灣民主力量。由於兩蔣政權從上一世紀韓戰之後，維護台灣安全及繁榮有賴美國支持，這一以美國為主的外部壓力，對台灣民主政治產生顯著促進作用。

與國際友人分進合擊

台灣從少數統治蛻變為多數統治，面對中國侵略或併吞壓力，台美人和外國友人的工作目標隨之調整，除了協助民主台灣突破國際孤立，也積極在台灣與美國沒有正式邦交的情況，維持並增進雙邊實質關係。質言之，他們在威權時代把矛頭指向兩蔣黨國當局，促其民主改革；民主化之後，他們挹注心力於因應企圖吃掉台

灣的北京當局,尤其武力脅迫和國際孤立。

這些工作需要多方協調與努力。1970年代起,尼克森政府對中國心存幻想,試圖聯合中國抗衡蘇聯,也盤算從經濟層面促成中國政治社會改變,華府官方向中國傾斜而壓抑台灣的立場因此持續多年;由於台美兩國沒有邦交,台美人把工作重點放在國會遊說,並爭取更廣大的民間社會支持。這一訴諸社會民意和立法部門的努力,因中國野心崛起,企圖與美國爭霸而激起普遍警覺與反感,川普及拜登兩位總統先後出手,制衡中國成為美國朝野共識和普遍民意,台美實質關係也漸入佳境。

美國友人督促行政部門,正視台灣主體性

從而,美國友人在其間扮演的角色,主要從立法部門監督並催促行政部門,對民主台灣在安全、經濟、社會、文化等方面增進交流、協助、保障。同時,中國野心崛起,在國際社會不但以「戰狼外交」孤立台灣,還千方百計試圖營造「台灣自古屬於中國」假象,以示儘管中華人民共和國成立以來,台灣沒有一天隸屬於它,卻宣稱台灣為其一部份,進而合法化吃掉台灣的陽謀。就此而言,從歷史和國際法角度闡明台灣「自古不屬中國」,至關緊要,有些外國友人即從這一角度切入,既為台灣正史,也同時正名。

為台灣爭取自由民主的外國義人

許多外國友人為台灣所做的一切,有如耶穌所說:「你們為我兄弟中最小的一個所做的,你們就是為我做。」[註1] 把高超的博愛情懷,化為實際行動,關愛台灣。

外國友人為台灣所做的,從角色與協助看,可以分成幾類。

救援者是其一。例如,台大教授彭明敏因發表〈台灣人民自救運動宣言〉遭判刑,1970 年在黨國當局全天候軟禁之下,神奇地逃脫台灣;有如電影情節的故事,不但出自其本人縝密規劃、全盤掌握,也要歸功於來自美國、日本、加拿大、瑞典等國際友人分工合作。在白色恐怖及政治專制年代,情義相助台灣脫離困苦黑暗的國際義人,他們是傳教士、學者、人權工作者、外交工作者⋯⋯身分不一,還有許多普世價值的實踐者,只因偶然路見不公不義,即挺身奮勇相助。

　　他們把實現台灣人權、自由視為理所當然,甚至一生志業,積極行動,奮不顧身。儘管個人遭受威脅屈辱、驅逐出境、列入「黑名單」,許多人被迫長年不能回到心所愛的台灣,接觸最思念的台灣人民,他們甘之如飴。多虧他們的義助,台灣才能有今天人權、自由的局面。這些外來者有如上天派來的天使,也像聞聲救苦的菩薩化身,既為最可貴的友人,也是台灣人不應或忘的恩人。

《台灣關係法》屬美國內法,緊繫台美關係

　　1970 年代,民主黨籍總統卡特強調「人權外交」,台灣及南韓等盟國當局遭到施壓,必須改善人權。美國與台灣於 1979 年終止外交關係,但美國對台灣人民和民主的支持,並未中斷。做為維繫雙方關係的《台灣關係法》(TRA),是美國國內法,其第二條 C 項條文強調人權要素:「本法律的任何條款不得違反美國對人權的關切,尤其是對於台灣約 1800 萬住民人權的關切。茲此重申,維護及促進所有台灣人民的人權,是合眾國的目標。」

　　另一方面,蔣經國政府連結美國抗拒中國進逼的需要尤甚以往,不得不接受美國的民主人權壓力,這就為當時風起雲湧的民主

潮流，提供莫大的支援力量。特別是戰後到美國求學、打天下的台灣人，逐漸壯大且高度關心家鄉民主政治發展，有能力按美國的政治遊說公關規則，爭取支持，聲援台灣民主運動。此時，蔣經國政府面對民主浪潮，不時鎮壓黨外及異議人士，而以高雄美麗島事件為總爆發，這就提供了美國行政部門關注、國會議員進行人權介入的正當理由。(註2)

美國國會支持台灣人追求民主自由

同時間，由哥倫比亞大學教授司馬晉（James Seymour）在紐約成立的「東亞人權協會」（Society for the Protection of East Asian Human Rights），對台灣人權進展也貢獻良多。

卡特總統把人權納入外交政策，人權議題蔚為國際政治潮流，台灣黨國當局雖試圖抵抗，已無力螳臂擋車，阻止民主人權潮流。到1980年代中期，海外救援公開化，規模聲勢浩大，台灣人民追求人權的奮鬥更為堅強有力，迫害人權案例隨之減少，救援工作也相對順利。

其次，台灣人在矢志追求民主自由之路，得道多助，常獲美國國會支持。許多議員表達美國的強大民意，強調普世價值不容打壓，聲援台灣民主自由奮鬥，協助良心犯，對威權當局施壓，這是強而有力的民主促進者。

民主促進者在台灣的威權時代，力促執政的國民黨政府解除長期戒嚴，聲援高雄美麗島事件受難者，確立「台灣前途和平、免於強制、且為台灣住民所能接受」的民主自決原則，並實現台灣每年2萬人的移民美國名額（與中國分開計算）。

為台灣民主長年打拚的甘迺迪參議員

民主促進者以參議員甘迺迪、裴爾及眾議員索拉茲、李奇為最積極。

甘迺迪參議員是美國第 35 任總統甘迺迪（John F. Kennedy）的么弟，在兄長約翰及羅伯（Robert）相繼遭到暗殺之後，成為甘家的重心。他從 1962 年擔任聯邦參議員，連任到去世，在參議院約 47 年。與台灣同鄉結緣之後，有如蔡同榮所言，對台灣民主運動，堪稱無役不興、無役不與，「是一位為台灣民主打拚的恩人」。

裴爾力挺台灣加入國際組織

裴爾對台灣人民的支持，具體表現在他主張台灣前途由台灣人民決定，支持公民投票。卡特總統決定與中國建交，他在國會與參議院外交委員會主席邱池（Frank Church III）主導《台灣關係法》立法工作，邀集台美人參與，並促成附加人權條款。老布希總統 1993 年出售 150 架 F-16 戰鬥機給台灣，1995 年 5 月李登輝總統回母校康乃爾（Cornell）大學訪問；1996 年春台灣首次總統普選，中國向台灣週邊海域發射飛彈，企圖製造危機、恐嚇選民並影響選舉結果。在這些攸關台灣安全及民主發展事件中，裴爾以其在參院外交委員會的地位，提案、致函或執言，發揮重大影響力，催促、支持行政部門採取有利台灣的作為。此外，台灣加入關稅貿易總協定（GATT，今世界貿易組織前身），成為得以參與的少數國際組織，來自美國的助力甚大；裴爾等人在關鍵時刻的協助，台灣人不能或忘。

裴爾擔任參議員 36 年。他二戰末期服役於海岸巡防隊（USCG），曾在哥倫比亞大學從事台灣研究，為美軍進攻日本統治下的台灣做

準備,這一計畫後因美國採「跳島戰術」,從菲律賓直取琉球,跳過台灣而作罷,台灣免去一場戰爭大災難。裴爾戰後繼續關心台灣,尤其民主發展及人權問題;台灣進入民主改革時期,他對台灣更為重視,在國會支持台灣不遺餘力。

2006年7月,駐美代表李大維專程前往羅德島州新港市(Newport, Rhode Island),代表陳水扁總統為裴爾頒贈「大綬卿雲勳章」。立法委員蔡同榮專程從台灣參加典禮,以表彰裴爾對台灣政治民主化及人權發展的長期支持與卓越貢獻。[註3]

索拉茲終結「黑名單」的殺手鐧

索拉茲義助台灣,其例不勝枚舉。他推動台灣移民配額案,從1982年元旦起,每年有兩萬移民配額。這一立法,出自索拉茲夫人妮娜(Nina)以曾在國際移民組織工作經驗,建議台美人要求國會給予台灣個別的兩萬名額。經蔡同榮、陳唐山等台美人努力,國會通過法案,國務院正式執行。移民名額和《台灣關係法》兩案的通過,台美人人心大振,也深刻體會遊說國會對台灣的重要,促成FAPA成立。[註4]

同樣重要的,1981年索拉茲提出《軍備出口管制法案》(Arms Export Control Act),針對同年七月卡內基美隆大學教授陳文成回台灣探親遭情治單位約談後橫死於台大校園事件,禁止出售軍備給在美國從事有系統恐嚇、侵擾人民的國家。法案衝擊美國軍售,是對台灣黨國當局的殺手鐧,最終迫當局停止在美國校園及台美人社區監控,製造「黑名單」的惡行。

1997年香港回歸中國,台北有一場大型的「反中國併吞」遊行,索拉茲應邀與會,以台灣話向現場數十萬群眾喊出:「台灣民

主萬歲！」全場為之振奮。(註5)

代表紐約州的索拉茲擔任眾議員近 20 年，多次訪問台灣。去世後繼續遺愛台灣，夫人妮娜以索拉茲名義成立基金會，支持美國國家癌症研究院（National Cancer Institute）癌症疾病及治療研究，第一次在海外成立跨國合作實驗室，「索拉茲紀念實驗室」2019 年設於台灣榮民總醫院，研究亞洲與西方人癌症基因差異，發展更精確臨床治療方法，並提供台灣醫師赴美研習的機會。

堅定支持台灣的共和黨人——李奇

國會「台灣四劍客」另一位眾議員李奇，愛荷華（Iowa）州選出，是四位議員中唯一共和黨人。

「美麗島事件」之後，他 3 個月內兩度提出決議案 H.Res.616 和 H.Res.708，要求美國政府關注「美麗島事件」。對 1981 年「陳文成事件」，他以聲明指事件顯示「毫無疑問，台灣政府特務對台灣裔美國人進行騷擾、恐嚇及監視活動」。同樣地，他對國民黨政府在台灣實施戒嚴三十多年，以「悲劇」描繪；基於美國與台灣人民關係密切，特別是對民主的共同熱望，他身為美國人也挺身反對台灣戒嚴。2004 年陳水扁總統在 319 槍擊案後驚險連任，台灣政局一度動盪。李奇以眾議院外交委員會亞太小組主席身分率團參加就職典禮，被陳水扁讚為「台美關係的及時雨」，有助穩定大局。

杜爾促成台美領袖通話，深化美台關係與軍售

美國國會的台灣強力支持者，杜爾（Bob Dole）也是典範例。他擔任參議員 27 年，曾是總統及副總統候選人，屬於共和黨的政治實用主義者。在台灣最需要的時刻，他挺身而出。1978 年卡特總

統宣布與中國建交、終止與中華民國外交關係之前,杜爾與民主黨參議員史東(Richard Stone)聯手提案,要求美國政府對台灣政策變化,須提前與國會全面諮詢;但卡特政府仍對國會封鎖消息,參眾兩院不分黨派動員,堅拒國務院全面縮減與台灣互動的提議,國會並通過《台灣關係法》,持續確認美台關係的重要性及軍售,建立互動架構與增進關係。

退休之後的杜爾,以在國會及社會的影響力,繼續支持台灣,與台灣駐美單位保持互動合作,除了促進實質雙邊關係,數度訪問台灣,公開撰文呼籲軍售台灣潛艦及先進戰機,也安排台灣政府官員、駐美外交官與美方政要及幕僚接觸。川普2016年12月與蔡英文通電話,《紐約時報》報導指台灣透過律師事務所,由杜爾幕後操刀,以長達六個月時間,建立台灣與川普競選及交接團隊高層接觸,最後促成兩位領袖通話。(註6)

力挺台灣的眾多外國友人

台灣人民從早年至今的打拚奮鬥過程,還有許多外國友人,為這些可歌可泣的歷程留下紀錄,替台灣擔當記錄者。其中最可貴的,是他們在歷史關鍵時刻的記載,突破了官方所刻意封鎖及粉飾太平等障礙,在黑暗時空投入亮光,真相得以大白,正義公理終獲彰顯。

記錄者所留下的,不僅是有異官方版本的歷史及重大事件詳細經過,也常讓國際社會得以直接掌握關鍵,做為決策和行動參考。從戰後台灣人民慘遭屠殺的二二八事件,到1979年美麗島高雄事件及其軍法大審,都在台灣人民最終伸張正義之路,留下強有力的證據和論據。

葛超智參與台灣事務三十年，熱愛台灣文化

戰後擔當台灣記錄者角色，首推葛超智（George Kerr），參與台灣事務 30 年，一生關注台灣前途與台灣人命運，也是這片土地與人民關鍵時刻極重要的記錄者。

賓州（Pennsylvania）長老教會家庭出身的葛超智，1930 年代前往日本留學，研究日本政治和歷史。1937 至 1940 年，前來州立台北一中、台北高等學校、台北高等商業學校教英語。除了結交台灣人，他喜愛台灣民間藝術，收藏民俗文學作品、原住民資料、風景名勝照片和地圖等書刊及文物，與這片土地與人民結下不解之緣。

葛超智 1941 年春回美國，太平洋戰爭爆發，他先以「福爾摩沙專家」身分為陸軍提供諮詢，再以預備軍官軍職，在海軍與哥倫比亞大學合作的「軍政學校」，負責研究中心「福爾摩沙小組」，為美軍在最終進擊日本本土過程，攻佔當時稱福爾摩沙的台灣做準備。這一計畫後因「跳島戰術」而未執行，對台灣空襲但未登陸，美軍由菲律賓直攻琉球。

目睹國民黨屠殺台灣人，書寫台灣近代史

戰後，葛超智派駐中國，擔任大使館海軍武官，後轉任美國駐台灣副領事，見證了陳儀等一幫人對台灣「受降轉接收」、「接收變劫收」過程，記錄其間台灣社會、政治、經濟、文化的動盪不安，親歷 1947 年二二八事件，目睹台灣菁英和人民慘遭屠殺的經過；也因對陳儀當局胡作非為看不下去，出手救助慘遭迫害的人民，二二八事件之後不久，他被迫離開台灣。

葛超智離開公職回美，轉往學術研究和教學發展，長期關注台灣時

局與前途。1965 年出版《被出賣的福爾摩沙》(*Formosa Betrayed*)，被視為關於台灣戰前戰後歷程的經典之作，全書分導言、四部分共二十二章，外加附錄二件，扉頁寫著「獻給我的福爾摩沙朋友們─以紀念 1947 年 3 月事件……。」書成之後，台美人陳榮成譯成漢文，在海外台灣人社區廣為流傳，成為許多人台灣近代史和政治意識的啟蒙著作，影響極為深遠。它打破國民黨蔣家政權營造的假象，讀者因瞭解事實真相而覺醒，是海外台灣人運動的一件大事，在台灣被官方列為禁書，民間私下流傳，民主化以後才得解禁。

疼惜被出賣的台灣人

必須強調，對葛超智來說，「福爾摩沙」與「台灣」雖指同地，意思有別。「台灣」一詞是大陸觀點，尤出自中國角度的稱呼。相形之下，福爾摩沙是海洋角度，海洋民族的稱呼。在 1950 年代，美國以「福爾摩沙」稱呼這個美麗之島；例如，《生活》(*Life*) 雜誌 1950 年 8 月 21 日報導麥克阿瑟將軍與蔣介石七月底在台北會面，是為麥帥的「福爾摩沙之行」。[註7] 從而，其著作乃以「福爾摩沙」為名。

書名直指「被出賣」(Betrayed)，凸顯了葛超智不滿美國對台灣政策，疼惜且為台灣人民打抱不平，特別是戰後台灣人民經由自決程序以建立自己國家的權利，橫遭剝奪。除了記錄評析二戰期間美國對台灣的政策規劃及其不足、戰後情勢演變、台灣人民由希望轉為失望與絕望、二二八前因後果及屠殺過程、韓戰改變了東亞國際大局，也對台灣人民追求自決的願望及不屈不撓的奮鬥多所描述。作者站在台灣人民的立場，控訴統治者的殘暴腐敗無能，對後

來的台灣主體性思考與追求當家做主、建立自己國家的決心,影響至為深遠。

施樂伯主張台灣人民自決前途

亞洲研究最權威的學者之一、柏克萊加州大學教授施樂伯（Robert Scalapino）推薦本書強調,「台灣人的自決,正與我們的價值觀和國家利益不謀而合」,呼應葛超智主張,台灣前途由台灣人民決定。1951 年 2 月 6 日,葛超智在美國知名的《報導者》(*The Reporter*) 雙週刊發表文章,以「解決之道：福爾摩沙人民的福爾摩沙」(*The Way Out : Formosa For the Formosans*) 為題,強調台灣人民經由公投決定自己的前途,才是台灣問題的解決之道。

葛超智為台灣做紀錄,不僅於此。1972 年夏天,流亡美國的彭明敏撰寫回憶錄,邀葛超智為助手。兩人合作,1972 年出版,英文書名 "*A Taste of Freedom*"《自由的滋味》作者回憶先人從日本時代起,動人地敘述自身經歷中國國民黨戒嚴體制統治,堅持理想與願景,是葛超智協助完成的台灣當代史重要篇章,中文譯本 1984 年出版。同樣地,《自由的滋味》也啟發了許多台灣人。

柯普蘭旁聽美麗島大審,批評黨國當局迫害人權

任教於美國史丹福大學的法學教授柯普蘭（John Kaplan）,是「美麗島事件」軍法大審關鍵時刻的記錄者。親身旁聽軍法審之前,柯普蘭參與在美國的連署,寫信給蔣經國,要求以司法,而不以軍法審判「美麗島事件」被告。

連署由五十四位美國法學學者署名,主要由當時任職於史丹福大學的張富美、李浩（Victor Li）及柏克萊加大法學教授巴克斯巴

（Richard Buxbaum）等居中奔走連繫，簽名的包括孔傑榮（Jerome Cohen）、艾德華茲（Randle Edwards）等知名法學者，以史丹福和柏克萊兩家知名學府的教授為多。聯名信指出，台灣那幾年政經社會方面已有進步，希望本案以司法審判進行；如採行軍法審判，也應以公開程序為之，以昭公信。當時，蔣經國受到國內外不小壓力，最終雖採軍事審判，但就公開審判一事，來自美國法學界的重量級意見，應有絕大的影響力。(註8)

柯普蘭不僅參加連署，還進一步接受國際特赦組織及總部設在紐約的國際人權聯盟委託，來台灣參加軍事法庭觀察旁聽。哈佛大學法學院出身的柯普蘭，教授刑法學，備受學界敬重、政府諮詢；他的保守形象，讓台灣當局放心。相形之下，曾任美國司法部長的克拉克（Ramsey Clark），因長年積極關心並批評台灣人權紀錄，打算以觀察員身份旁聽，卻遭阻撓，未能成行。

柯普蘭著《高雄事件被告軍法審判》，廣為國際引用

柯普蘭雖無台灣及中國的法律背景，到台灣後，突破官方人為包圍阻隔，接觸為被告辯護的張德銘律師等人，探出被告林義雄遭刑求等政府不欲人知的事實。原來，按張富美事先連繫安排，柯普蘭抵台之後，應由負責籌組辯護律師團的張德銘接待，但警備總部在兩人約定於旅館見面當天上午告知張德銘，柯普蘭已由「中國人權協會」的人接走了。張德銘回答警總，那他就不見柯普蘭了，警總仍堅持兩人如約見面，只是有些事情不能講，包括林義雄被毒打、邱奕彬咬舌自殺等被告拘押期間遭刑求的情事。張德銘和柯普蘭見面後，卻把警總強調不能說的事，全告訴了柯普蘭。(註9)

柯普蘭到軍事法庭旁聽，未等九天審判結束，先行返美。後來

除了向國際人權聯盟提出報告，還撰寫《The Court-Martial of the Kaohsiung Defendants》（《高雄事件被告軍法審判》）專題著作，經柏克萊加大出版，在國際間被視為美麗島軍法審判最平衡而可信的英文著作和紀錄，廣為各方引用。

他的 79 頁的報告書，敘述事件始末、司法體系、誰該負責等基本議題，以法學專業質疑林義雄被嚴重刑求，被告自白書非以自由方式取得，因被告的供詞相當一致，顯然是在被逼供、不自由的狀況下所做的陳述。（註10）他的觀審報告，引發國際社會嘩然。美國參議員甘迺迪等據此聲援事件的政治受難者，各方對民主運動更為支持，是促成台灣最終走向民主化的重要推力。

見證台灣威權體制的「大鬍子」家博

記錄台灣邁向民主奮鬥過程，政治學者家博（Bruce Jacobs）是另一典型。他 1965 年以研究生身分到台灣大學研讀中國歷史，1971 年再度前來做研究，以政治領袖和政治發展趨勢為碩士論文題目。1975 年，他以馬祖為例，探究「關係」、面子、派系在地方和鄉村政治的作用，並以此論文得到哥倫比亞大學政治學博士學位。其後，他繼續來台灣做田野調查研究，深入基層，最早在學界指出選舉有「走路工」買票賄選現象。他還曾以交換學者身分，前往中國南京大學任教；深入並比較台灣與中國的政治、歷史、社會，是其研究重點。

家博不是象牙塔內的蛋頭學者，他不但長期觀察台灣政治，也寫作不斷，除了學術論文和著作，還在報章雜誌發表相關文章。家博關於台灣的著作，最早見諸 1970 年代初期。國際間知名的《中國季刊》（China Quarterly）、《亞洲觀察》（Asian Survey）、《遠東

經濟評論》（*Far Eastern Economic Review*）之外，也從 1972 年發表於《中央日報》、《大學雜誌》、《大時代》等台灣報章雜誌。1991年起，他轉往澳洲蒙納士（Monash）大學任教，台灣仍是他的專注，也常來台灣，持續發表論述。

由於長期深入關注台灣政治社會發展，家博經歷掙脫威權、邁向民主的關鍵發展，也遭到污衊，一度是台灣社會家喻戶曉的新聞人物，被限制出入境。然而，挫折和打擊只增強了家博關愛台灣的心，且轉化成為台灣做政治、歷史紀錄的堅定決心和行動。

震撼國內外的林宅血案，加害人至今不明

高雄「美麗島事件」1979 年 12 月發生，黨外人士林義雄被當局羅織逮捕，關押期間的 1980 年 2 月 28 日下午，家中傳出滅門血案，母親和一對雙胞胎女兒遇害、大女兒受重傷。這一震撼台灣國內外的「林宅血案」，最終與台灣前此的政治謀殺案一樣，都成無頭公案，「只有被害人，沒有加害人」。

「林宅血案」發生後，當局成立專案小組偵辦案情，以家博與林家熟識，常出入林家，且有線報指稱案發當天中午，家博曾兩度到林宅按門鈴，並進入林宅，專案小組把他列為優先鎖定對象。不過，家博否認當天曾去林家按門鈴，警方搜查其在國際學舍住處，也未發現涉案事證，偵訊亦無所獲，家博卻於五月間才得以離境。

其間，情治單位和當時黨國體制下的若干媒體，顯然有意把案情導向血案由「國際陰謀份子欲打擊政府所為」，家博成為這一「陰謀論」最方便的代罪羔羊。台灣法律規定的「偵查不公開」一直是司法笑話，在本案尤然。偵辦期間，媒體報導有一外國人

「大鬍子」涉案，此人有博士學位，繪影繪聲，兇嫌彷彿呼之欲出，未指名道姓，卻已聲名大噪。

遭列入「黑名單」，回憶錄回顧高雄事件

家博看到報導，無奈地「對號入座」，主動和警方連繫，澄清當天雖曾連繫林家姊妹，但自己與本案無涉。經 24 小時連續訊問，專案小組一無所獲，家博還以「你們破不了案」反嗆，讓當局極為感冒。後來，因國際特赦組織關切，家博歷經刁難，方獲准離境；但被列入「黑名單」，李登輝總統任內才重回台灣。他以這段個人經歷及最終導致台灣步向民主的高雄事件，著成《台灣的高雄事件與一個外國大鬍子的回憶》（The Kaohsiung Incident in Taiwan and Memoirs of a Foreign Big Beard）一書。

據家博說，他與林義雄一家人熟識，稱林義雄母親游阿妹「阿姨」；林宅血案中午，他曾與林家雙胞胎女兒通電話，「可能就在他們被殺之前的數分鐘」。在最終獲准離境當天，也曾與宣稱目擊外國大鬍子進入林宅的婦人對質，「目擊者」的話顯不足為信。同時，專案小組大費周章找尋血型 O 的人，卻不查證本人，其實他的血型是 B。[註11]

一生致力台灣研究的澳洲學者

家博長期在國際學術期刊發表了至少 150 篇有關台灣的論文及著作，除了學術刊物，他也常在國際新聞媒體撰文及受訪，析論台灣大局與政治社會發展情勢。另外，蒙納士大學亞洲語言與研究學系及台灣研究室的創立與發展，他居功厥偉。

從蒙納士大學退休後，他在歐美各地闡發「台灣的歷史」，強調

建立台灣認同與主體史觀。家博告訴國際社會，以台灣人口比全球三分之二國家多，面積較五分之二國家大，經濟進步，人民教育程度高，台灣人也不應低估自己國家的實力及影響力。

家博指出，台灣是南島語族的起源地；南島語族分佈遼闊，包括太平洋、東南亞諸國及印度洋的馬達加斯加。1624 年荷蘭人到達之前，台灣原住民從未聯合起來形成一個國家。荷蘭時代起，台灣歷史是六段殖民史的綜合體：荷蘭、西班牙、鄭成功的個體海盜政權（不代表明朝）、滿洲人、日本人及中國國民黨。其中，晚近的中國殖民時期（1945-1988）與日本殖民時期（1895-1945）有許多相似之處：統治都以武力鎮壓開始，把大多數台灣人當次等公民，最後因受內外壓力而進入「自由化」時期。

家博指出，日本統治初期殺害一至三萬台灣人，後來又以政治因素處決八百人；中國殖民政權在二二八事件殺害一至兩萬台灣人，白色恐怖時代處決一千一百多人，解嚴前共殺害了三、四千政治犯。其次，日本時代台灣人是「二等國民」，最高只能當到郡長；國民黨時代有「省籍歧視」，台灣人無法位居要津，重要部會由中國人擔任首長。在差別待遇之下，達官大位都由居總人口 6％ 的日本人、15％ 的中國人獨占，後來殖民政權受到內外壓力，台灣人才逐漸有機會「出頭天」。

以歷史事實證明「台灣不屬於中國」

家博強調，從歷史看來，台灣顯然不曾屬於中國，中國殖民政權企圖藉由錯誤的歷史，編造台灣是中國的一部分。以往，它透過官方編製及審查教科書，強要學生學習中國歷史地理，打壓台灣研究，並宣稱台灣原住民來自中國大陸。台灣已脫離外來殖民統

治,沒道理繼續寫出錯誤的歷史,讓下一代研習。民主國家也應重新認識台灣,從全新的史觀看待台灣,因為台灣在歷史上從來沒有被中國統治過,也從來不是中國的一部分。中國說台灣屬於它,但實際上台灣不屬於它;歷史也說,台灣不屬於中國。」[註12]

家博指出,台灣歷經六個外來殖民政權統治,從來沒有被中國統治過。事實上,19世紀末的清帝國並非中國,「英文把清帝國翻譯成『中國』是一項錯誤」,當時在滿清統治下,中國和台灣都是滿清的殖民地;1867年美國駐廈門領事李仙得(Charles Le Gendre)與台灣簽訂通商條約,簽約對象是台灣的原住民首領,而非中國的代表。

同樣是家博的研究:明朝時有中國海盜或商人,或兩者兼是,常過來台灣,但有如候鳥,來了就走,並未發展出穩定的聚落。況且,明朝實施海禁,這些人其實是犯法的,也不能代表中國。

家博在國際間仗義執言,介紹台灣歷史與人民掙脫殖民威權邁向民主繁榮過程,時間超過半世紀,是台灣長久而忠實的友人。距離家博首次來台53年後,2018年11月,台灣政府贈勳,表彰他對台灣的熱愛與付出,長期持續發表有關台灣政治發展及民主化著作及專論,並教育下一代學生,認識台灣在國際社會的角色與價值。

韋傑理仗義執筆,夫婦長年為台灣發聲

荷蘭前外交官韋傑理 Gerrit van der Wees)是另一位義助台灣的典範。

韋傑理以「台灣子婿」自稱,1979年以八頁英文新聞信,向國

際社會報導「美麗島事件」始末,從此與妻子陳美津定期發行《台灣公報》(Taiwan Communique),直到2016年民進黨完全執政,前後155期,35年未間斷。其間,黨國當局透過文宣單位、控制新聞媒體,不欲人知、甚至誤導外界的種種威權統治作為,《台灣公報》向國際社會報導真實,關切台灣民主潮流及發展。因此,2024年5月,蔡英文在卸任前,在總統府頒贈韋傑理大綬景星勳章。

在台灣最需要時,他仗義執筆,為台灣發聲,記錄並見證民主政治演變;《台灣公報》向來為美國國會、國務院及國際關心人權、政治者所重視。他60歲從荷蘭公職退休,參與FAPA,為台灣工作;後來轉往美國喬治梅森(George Mason)大學教授台灣歷史,對台灣的關懷不斷,常在《英文台北時報》、《外交家》(The Diplomat)等報刊撰文,以台灣歷史、政治發展為主題。

建立台灣海洋國家史觀

從歷史看,韋傑理指出,台灣17世紀荷蘭人東來之前,是南島民族的天地,外人難入;中國在7世紀隋朝雖有遠征軍通過的記載,但官方從未在此駐足。明朝實施海禁,台灣不是它的一部分;清康熙皇帝認為「台灣得之無所加,不得無所損」,甚至一度想賣回給荷蘭人。1683年到1887年間,台灣併入為福建的一部分,但台灣人視中國為外來殖民統治,「三年一小反、五年一大亂」,發生一百多件民變。1887年台灣建省,八年後旋割讓給日本。從而,中國宣稱「台灣是中國的一省」,或「自古屬於中國」,顯為迷思。

相較於中國的大陸屬性,台灣是海洋國家。韋傑理指出:

「原住民與包括紐西蘭、夏威夷等太平洋諸島國的南島語族，關係至少可溯及三千年前。其次，17世紀荷蘭時代，台窩灣（Tayouan，台江內海一帶，今安平）已成連接台灣與日本、東南亞、遠至印度、波斯的國際貿易港口，展開台灣第一階段全球化。」[註13]

賴清德總統2024年5月就職演說，回應了這一台灣主體史觀，強調「1624年，台灣從台南出發，開啟台灣全球化的開端」。同時，台南有慶祝建城四百年活動，台灣歷史博物館也推出「跨‧一六二四：世界島台灣」國際特展，回顧四百年來，台灣融入世界經貿體系的歷程。這些都從台灣土地與人民角度，突破戰後黨國強加的歷史枷鎖與障蔽，還原主體史觀，有助台灣人擴大面向世界的眼界及心胸。同樣是賴清德就職時所宣示，台灣更要自信，大步走向世界，勇敢航向新世界，讓世界迎接新台灣。

學生評價外來政權，日本時代最高

韋傑理2017年初還調查在台南高中及大學生，評價台灣史上的外來政權，發現日本時代（1895-1945）普受正面評價，荷蘭時代（1624-1662）次之，鄭成功時代（1662-1683）再次，清國時代（1683-1895）最差。1054位受訪者的評價，因族群背景有顯著差異。例如：原住民對日本時代負評（44.6%）略高於好評（39.0%），台灣漢人逾七成持正面評價。[註14]

昆布勞長年服務FAPA，促進台美關係

2023年10月，從台灣駐美代表蕭美琴接受贈勳的昆布勞是另一典型。

曾擔任FAPA執行長、資深顧問的昆布勞，與韋傑理同為荷蘭

裔，近年致力於台美人與台灣官方駐美單位分工合作，促進美台關係，為台灣發揮影響力。

他從 1989 年加入 FAPA 以來，積極為台灣在美國遊說，是不少力挺台灣法案的幕後推手。來自荷蘭的昆布勞，1981 年就讀法學院時看到荷蘭出售潛艇給台灣，中國以外交關係降級報復，引起他的關注，論文即以台灣為題。其後因緣際會，在華府加入 1982 年成立、以「追求台灣的自由與獨立，並獲得國際承認」為目標的 FAPA 工作，從此和台灣結下不解之緣。

蕭美琴與 FAPA 也有深厚淵源。1991 年，蕭美琴是 FAPA 暑期實習生，與昆布勞共事學習，親眼見證昆布勞為台灣追求民主自由而努力不懈。從而，蕭美琴為昆布勞授勳，不只是行禮如儀的官方場合，也有為昔日上司授予榮譽的巧合。

FAPA 宗旨：台灣正名，終結「一中」及「戰略模糊」

必須強調，誠如昆布勞指出，這座勳章是對全體 FAPA 人員的獎勵，但目標尚未達成。FAPA 的宗旨，如台灣駐美代表處改名「台灣代表處」，終結美國「一中」及「戰略模糊」政策，遊說美國總統公開表明「台灣不是中國一部分」，AIT 處長提名比照美國駐外大使程序，推動台灣加入聯合國等，乃至於美台建交，都是有待努力促其實現的要項。總部在華府、全美有 43 個分會、成員兩千多的 FAPA 視此為己任，台灣的主政者尤無輕忽怠懈的餘地。

台灣一路走來，多虧許多外國友人義助，把幫助台灣視為一生志業，積極行動，個人遭受驅逐出境、列入「黑名單」等屈辱，不改其志。國人如今享有人權、自由，不應或忘，政府更要表彰奉獻台灣的誠摯義友。

參考文獻

註 1： 《聖經》:〈瑪太福音〉二十五章四十節
註 2： 若林正丈,《戰後台灣政治史》,台北市:國立臺灣大學,2014。頁 197。
註 3： 《大紀元時報》,2006.7.17。
註 4： 王巧蓉,〈索拉茲夫妻台灣結緣一世情〉,《自由廣場》,2017.4.5。
註 5： 王巧蓉。「台灣民主萬歲!」也成為他後來激發台灣人熱情的口頭禪。
註 6： 〈川普與蔡英文通話,打破 1979 年以來外交慣例〉,《紐約時報中文網》,2016.12.3。
註 7： 《生活》(*Life*)雜誌 *https://books.google.com.tw/books?id=wUoEAAAAMBAJ*)
註 8： 張炎憲、陳朝海,《美麗島事件三十週年研究論文集》,台北市:吳三連臺灣史料基金會,2017。頁 242。
註 9： 康寧祥論述、陳政農編撰,《台灣,打拼—康寧祥回憶錄》,台北市:允晨文化,2013。頁 297。
註 10： 張炎憲、陳朝海,《美麗島事件三十週年研究論文集》,台北市:吳三連臺灣史料基金會,2017。頁 242。
註 11： 〈檢視林宅和陳文成謀殺案報告〉,《蘋果日報》,2009.9.15,論壇與專欄。
註 12： 〈澳洲學者家博籲全世界告訴中國:「台灣不屬於你」〉,VOA,2017.4.21。
註 13： Gerrit van der Wees, *Taiwan: 'Ocean nation'*, Taipei Times, 2017.6.28。
註 14： Gerrit van der Wees ,'*Taiwan's history: student edition*', Taipei Times, 2017.9.27。

純情的台灣人──台美人
（The Story of Taiwanese Americans）

作　　　者：盧世祥
封面設計：盧穎作
社　　　長：洪美華
總　編　輯：莊佩璇
副總編輯：顧　旻
出　　　版：幸福綠光股份有限公司
地　　　址：台北市杭州南路一段 63 號 9 樓
電　　　話：(02)23925338
傳　　　真：(02)23925380
網　　　址：www.thirdnature.com.tw
E－mail：reader@thirdnature.com.tw
排版印製：中原造像股份有限公司
初　　　版：2025 年 7 月
郵撥帳號：50130123 幸福綠光股份有限公司
定　　　價：新台幣 370 元（平裝）

本書如有缺頁、破損、倒裝，請寄回更換。
ISBN 978-626-7254-78-3

總經銷：聯合發行股份有限公司
新北市新店區寶橋路 235 巷 6 弄 6 號 2 樓
電話：(02)29178022　傳真：(02)29156275

國家圖書館出版品預行編目資料

純情的台灣人──台美人／
盧世祥著 -- 初版 . -- 臺北市：
幸福綠光，2025.07
面；　公分

ISBN 978-626-7254-78-3
（平裝）

1. 台灣傳記 2. 報導文學

783.31　　　　　114006365

新自然主義

新自然主義

新自然主義